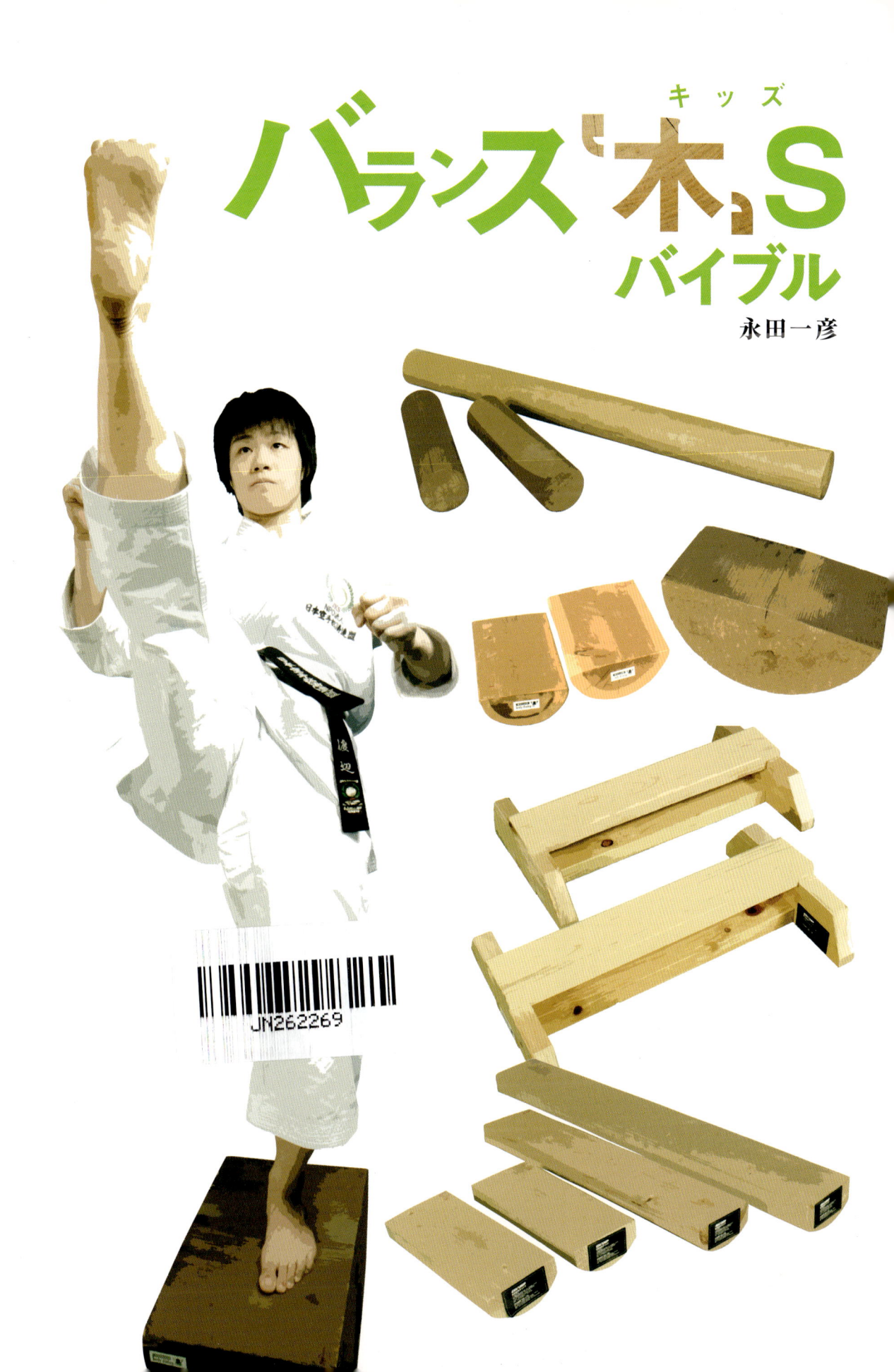

バランス木ッズS バイブル

永田一彦

🔍 あなたにぴったりのバランス'木'S（キッズ）を探そう

START!
とにかく180度開脚したい！

→ YES（赤矢印）: **第7章 バランス'木'S開脚へ！** 開脚のための集中プログラムです。
→ NO（青矢印）: 体力には自信がある。

- 体力には自信がある。
  - YES → バランス能力のためのトレーニングをしたことがある。
    - YES → バランス能力だけでなくパワーもつけたい！
  - NO → 技術を工夫したり研究するのが好き。

- バランス能力だけでなくパワーもつけたい！
  - NO → 複雑な動作もこなせるようにセンスを磨きたい。

- バランス能力のためのトレーニングをしたことがある。
  - NO → 自分の競技レベルは中級以上だ。

- 技術を工夫したり研究するのが好き。
  - NO → 自分の競技レベルは中級以上だ。

- 複雑な動作もこなせるようにセンスを磨きたい。
  - NO → 現在ほしいのは、繊細な感覚よりもダイナミックに動ける身体だ。

- 自分の競技レベルは中級以上だ。
  - NO → 体幹が強いほうだ。

- 技術を工夫したり研究するのが好き。
  - YES → 普段、姿勢がいい。

- 体幹が強いほうだ。
  - NO → 現在ほしいのは、繊細な感覚よりもダイナミックに動ける身体だ。

- 普段、姿勢がいい。
  - NO → 体幹が強いほうだ。

結果

第3章 スロープへ！
指先で傾斜を感じて感覚を鍛える。

第2章 ウェーブへ！
身体の芯、軸をつくる。

第1章 ログへ！
足裏がほぐれ、基本的なバランスを身につけ、重心の置きどころが定まる。

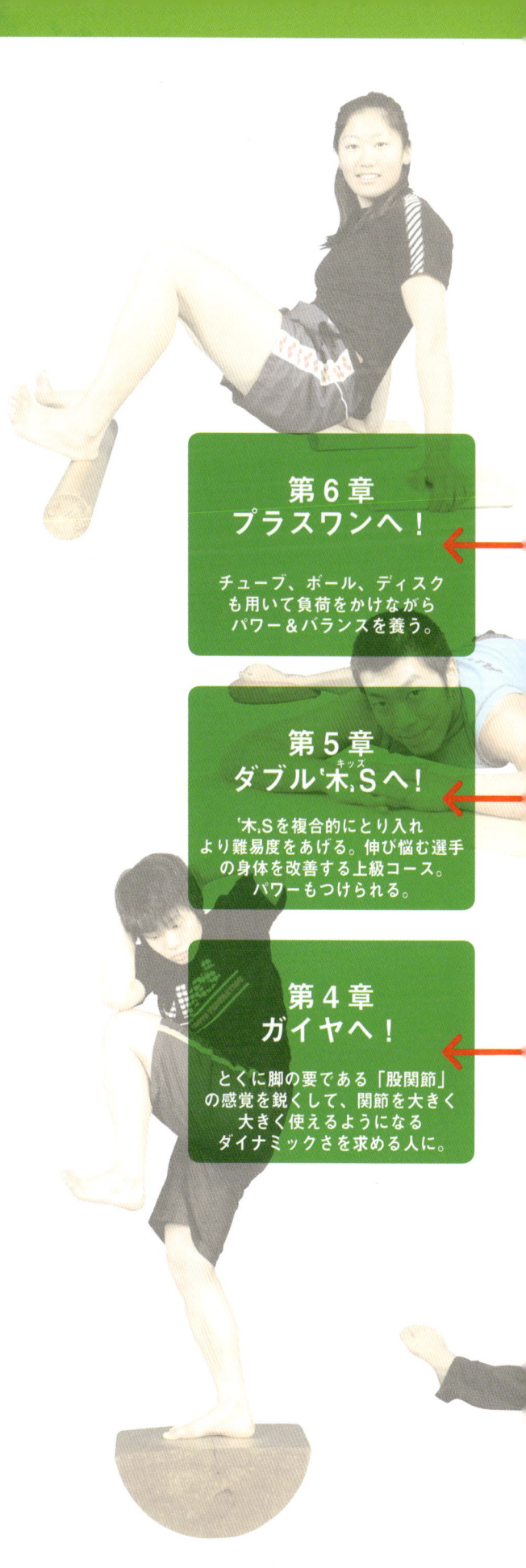

CONTENTS

- 004 ← ようこそ
- 006 ← 推薦の言葉
- 009 ← 第1章 ログ
  - 010 A 伏臥位
  - 018 B 立位
  - 024 C 背臥位
  - 026 D 座位
- 029 ← 第2章 ウェーブ
  - 030 A 伏臥位
  - 035 B 立位
  - 046 C 座位
- 051 ← 第3章 スロープ
  - 052 A 伏臥位
  - 058 B 立位
  - 065 C 座位
- 069 ← 第4章 ガイヤ
  - 070 A 伏臥位
  - 072 B 立位
  - 082 C 側臥位
- 086 ← バランス木,S コラム
  — バランス木,S が無い！ —
- 089 ← 第5章 ダブル木,S
  - 090 ログ＋ログ
  - 094 ログ＋ウェーブ
  - 100 ログ＋スロープ
  - 106 ログ＋ガイヤ
  - 108 ウェーブ＋ウェーブ
  - 110 ウェーブ＋スロープ
  - 111 ウェーブ＋ガイヤ
  - 115 スロープ＋スロープ
  - 116 スロープ＋ガイヤ
- 117 ← 第6章 プラスワン
  - 118 ログ＋ボール
  - 120 ウェーブ＋ボール
  - 122 スロープ＋ボール
  - 124 ガイヤ＋ボール
  - 126 ログ＋チューブ
  - 128 ウェーブ＋チューブ
  - 130 スロープ＋チューブ
  - 132 ガイヤ＋チューブ
  - 134 ログ＋ディスク
  - 136 ウェーブ＋ディスク
  - 138 スロープ＋ディスク
  - 140 ガイヤ＋ディスク
- 142 ← バランス木,S コラム
  — 2つの果実 —
- 145 ← 第7章 開脚
  - 146 ログ
  - 149 プレログ開脚
  - 152 ウェーブ
  - 158 スロープ
  - 162 プレスロープ開脚
  - 166 ガイヤ
- 172 ← おわりに

第6章 プラスワンへ！
チューブ、ボール、ディスクも用いて負荷をかけながらパワー＆バランスを養う。

第5章 ダブル木,Sへ！
木,Sを複合的にとり入れより難易度をあげる。伸び悩む選手の身体を改善する上級コース。パワーもつけられる。

第4章 ガイヤへ！
とくに脚の要である「股関節」の感覚を鋭くして、関節を大きく大きく使えるようになるダイナミックさを求める人に。

LOG
ログ

■ 長さ91cm（直径7.8cm）

SLOPE
スロープ

■ 横30cm×縦20cm×高さ16cm

WAVE
ウェーブ

■ 大 直径35cm（幅30cm）
■ 中 直径27cm（幅30cm）
■ 小 直径16cm（幅30cm）

取扱：株式会社チャンプ

ようこそ

GAIA
ガイヤ

■ 大 長さ60cm×幅12cm×高さ7cm
■ 中 長さ60cm×幅9cm×高さ5cm

２０００年４月、私は渋谷の東急ハンズでひとつの木の台と出会いました。
何の変哲もない、けれど無限の可能性をもっていそうな木の台でした。
私はそこに１時間くらいいたでしょうか。この５年間の自分の悩みについて、木の台を前にして、ずっと考えていたのです。
私は、本当に悩んでいました。頭の中にはＮＳＣＡのガイドライン※がつねにあるのですが、具体的な指導内容が思いつかないのです。思春期前や思春期の子どもにとって安全かつ効果的なトレーニングとは？
その木の台は、悩める私にヒントをくれました。
今まである器具（たとえばバーベル、マシーンなど）にこだわりすぎていたのです。ならば、使用する器具を変えることで、指導する内容を自分が考えていけばどうだろう。
急いで私はその木の台を買い、ジムへ送ってもらいました。
荷物が到着する２～３日の間に色々なエクササイズを計画し、その日を待ちました。ジムへ届いた木の台は、予想以上の種目を私に提供してくれました。
この木の台を、子どもたちが年齢や形態に見合った運動能力を獲得するための「友人」になれるようにと、「バランス'木'S（キッズ）」と名付けました。
子どもたちがこの木の台でトレーニングを実施すると、本来の発育発達によって獲得されるレベルを上回る、筋力、持久力、スピード、柔軟性、調整力の向上が期待できるのです。
また、身体を充分に発達させた大人にとっても、試合の駆け引きを身につけ、最高のパフォーマンスを発揮するための「友人」となれると思っています。
ようこそ、「バランス'木'S」の世界へ・・・！
末筆ながら、この本のエクササイズを実際にテストしていただいた、多くのスポーツ選手とその指導者、そしてモデルとして協力していただいた皆さんに心より感謝いたします。

永田一彦

※「思春期前及び思春期の子どもにとって、安全であり、筋力の増大、身体の支持の強化、運動スキルとスポーツパフォーマンスの向上、スポーツにおける障害予防、心理的充足感の改善、総合的な健康増進に効果的であるトレーニング」
※トレーニング時の注意
１．不安定なので周囲には自分の身長分の空間を空けてください（またはすぐつかまれるような場所で）。
２．子どもが行うときは、必ず誰かそばについてサポートしてください。

推薦の言葉

　私と永田さんの出会いは遡って10年以上前のことになります。

　当時私はトレーニング指導者としての研鑽を積むべく進学致しましたが、そこで既にトレーニング業界では知る人ぞ知る存在であった永田さんと出会いました。

　当時のトレーニング業界は今の様に情報が整理されている時代ではなく、主にボディビルディングやパワーリフティングの経験者が自らのトレーニング経験を基に指導する経験主義論が大勢を占めていました。そのような時代の中で自らのトレーニング経験だけではなく科学的根拠に基づくトレーニング指導方法を探求されていた永田さんの姿を間近で拝見して、非常に感銘を受けた記憶があります。

　大学院修了後はなかなかお会い出来る機会はありませんでしたが、私が今の職場で担当する選手が永田さんにも指導を受けているということで、再び接点が出来ました。その選手からも「永田会長は本当に凄い」ということを再三聞かされました。永田さんの探究心と指導力を認識している私は選手の感動に素直に同意出来ました。

　久々にお会いする機会が出来、五反田のジムに伺いましたが10年前と変わらないお人柄で迎えて頂き時が経つのを忘れてお話を聞かせて頂きました。

　本書は永田さんの指導において欠かすことの出来ない「バランス'木,S（キッズ）」を用いたエクササイズが多数紹介されています。これらのエクササイズは特定の対象にだけ有効なエクササイズではありません。

　体力低下が叫ばれて久しい子ども達の体力向上は勿論ですが、既に筋、骨格系の成熟が発達段階の最終章にあるような日本代表レベルの競技選手の調整力や柔軟性にも良い影響を与え最終的に競技パフォーマンスに好影響を与える可能性が推測されます。

　近年「バランストレーニング」、「コアトレーニング」といった言葉を目にする事も多いですが、独自の発想でそれらを解釈し「複雑なだけ」のエクササイズの紹介では無いことに改めて永田さんの発想と着眼点の素晴らしさを再認識させられました。またトレーニング指導者はとかく指導方法を秘密裏にしたがる傾向がありますが、それらをこの様な形でオープンにされることもトレーニング業界にとっても非常に意義のある試みであると感じます。

　本書が子どもから成人、一般の運動愛好家から競技者、トレーニング指導者など年齢性別業種を問わず広く読まれることを祈念いたします。

国立スポーツ科学センター
スポーツ科学研究部トレーニング指導員
守田 誠　MORITA MAKOTO

推薦の言葉

　バランス'木,S(キッズ)でのトレーニングに出会う前は週2～4回の頻度でバーベルやダンベルなどを使ってベンチプレス、スクワット、デッドリフトなどを中心にスタンダードなウェイトトレーニングを1回1時間から2時間近くかけて行っていました。たしかに見た目は筋肉もついているし、パワーもスピードも上がっている、このまま頑張ろうと思っていました。しかし、肝心の競技成績は上がらず、慢性的な腰痛に悩まされ、しまいには右肩が痛くて上がらなくなり引退も考えました。そんなとき、友人の紹介で永田一彦会長に出会い、バランス'木,Sでのトレーニングが始まりました。

　はじめは、スロープの上につま先を上げてかかとで立つ、それだけでした。実際やってみるといたるところの筋肉がプルプル、ガタガタと反応しだして身体に効いてくるのがすぐに体感できました。一見、簡単そうに見えるトレーニングの数々。カヌー選手なので普段から体力とバランス感覚には自信を持っていた私ですが、どのトレーニングもはじめはほとんど出来ませんでした！出来ないなりにあきらめず、試行錯誤を繰り返し、正しいフォームを心がけて集中してトレーニングを続けていると、ふと、急に出来るようになるときがありました。まさに、手足の指先から頭まで全身が繋がった感覚です（この感覚のときは負荷の重さなどを感じずにスピードがどんどん上がっていく感覚）。私が捜し求めていた感覚がここにありました。

　レーシングカヤック競技はバランスの悪い艇の上で最大パワーとスピードと持久力を発揮して同じ動作を繰り返しながら競う競技です。従来のウエイトトレーニングでは競技に使う筋肉は鍛えられていたかもしれませんが、各筋肉がバラバラに作用していました。さらに鍛えた筋肉を支えるための核の部分の体幹の筋肉が異常に弱いことに気がつきました。そうして4年近くこのトレーニングを継続していますが、この間一切ケガをすることもなく、腰痛にも悩まされることなく競技生活を続けることができております。バランス'木,Sでのトレーニングは全身を使ってのトレーニングです。私のように核となる体幹部が弱いと感じている人でもトレーニングを続けていくうちにいつのまにか鍛えられているはずです。アスリートはもちろん一般の方々、老若男女問わず短時間で効率よくトレーニングが出来、筋力アップ、各種目の運動スキル、パフォーマンスの向上、身体バランスの強化、さらにケガの予防にもつながるユニークなトレーニングを、始めてみてはいかがでしょうか？

レーシングカヤック
ナショナルチーム選手兼コーチ
島村 健司　SHIMAMURA KENJI

※トレーニング時の注意
1．不安定なので周囲には自分の身長分の空間を空けてください（またはすぐつかまれるような場所で）。
2．子どもが行うときは、必ず誰かそばについてサポートしてください。

バランス木ｷｯｽﾞS
第1章
ログ

バランス木ｷｯｽﾞSログは、直径7.8cmの丸太で、ロングタイプとショートタイプがあります。このコロコロと転がる不安定なログの上でバランスを取ろうとすると、重心の位置が矯正され、身体から余計な力が抜けるようになります。また、ログの上を歩くと足の裏が気持ちよく刺激されます。まずは1本のログに乗ることから始めましょう。

ロングログ

ショートログ

第1章 | ログ | A 伏臥位

ショートログを2本立てても面白い。

この姿勢から始めます。

膝をつき、ログに両手を乗せます。

■ツイスト

背中を丸めながら身体を捻り…

↓

反対を向きながら背中を反らします。

■ハンドサイドウォーク

ゆっくり背中を丸めます。

↓

元に戻ります。

010

ショートログを2本立てても面白い。

この姿勢から始めます。

今度はつま先立ちでチャレンジ。

■ツイスト

■クランチ

足の位置は変えません。

⬇

⬇

第1章 | ログ | A 伏臥位

この姿勢から始めます。

■クロス

手を交差しながら移動させます。

⬇
⬇

■ハンドサイドウォーク

右手、左手を交互に少しずつスライドします。

⬇
⬇
⬇

012

この姿勢から始めます。

ログ2本に乗ります。

■クロス

■ハンドサイドウォーク

足の位置は変えません。

⬇

⬇

⬇

⬇

⬇

⬇

第1章 | ログ | A 伏臥位

この姿勢から始めます。

ログ2本をT字に置いてやってみよう！

この姿勢から始めます。

膝をつき、ログに両手を乗せます。

■2本足不安定

ログが転がらないように…

↓

↓

↓

■膝立ち移動

↓

↓

↓

この姿勢から始めます。	この姿勢から始めます。	この姿勢から始めます。

■棒立て交互移動

右手は下から上へ、左手は上から下へ移動させます。

⬇

⬇

■棒立て片面

ログの片面のみを使って行います。

⬇

■棒立て両面

まずは、ログの両面を使い、片手ずつ上から下へ移動します。

⬇

⬇

⬇

第 1 章 | ログ | A 伏臥位

この姿勢から始めます。

この姿勢から始めます。

■片手でやってみよう

■両手でやってみよう

足を乗せているログから落ちないよう、バランスを取りながらやってみよう！

初級者にオススメ！平行2本歩き

①ログを平行に2本置き、両手・両足で乗る。
左手、右手、左足、右足の順で一歩ずつ前進しよう。

②両足と片手でもやってみよう！

③最後は片手と片足で移動してみよう。

この姿勢から始めます。

■2本使って棒立て

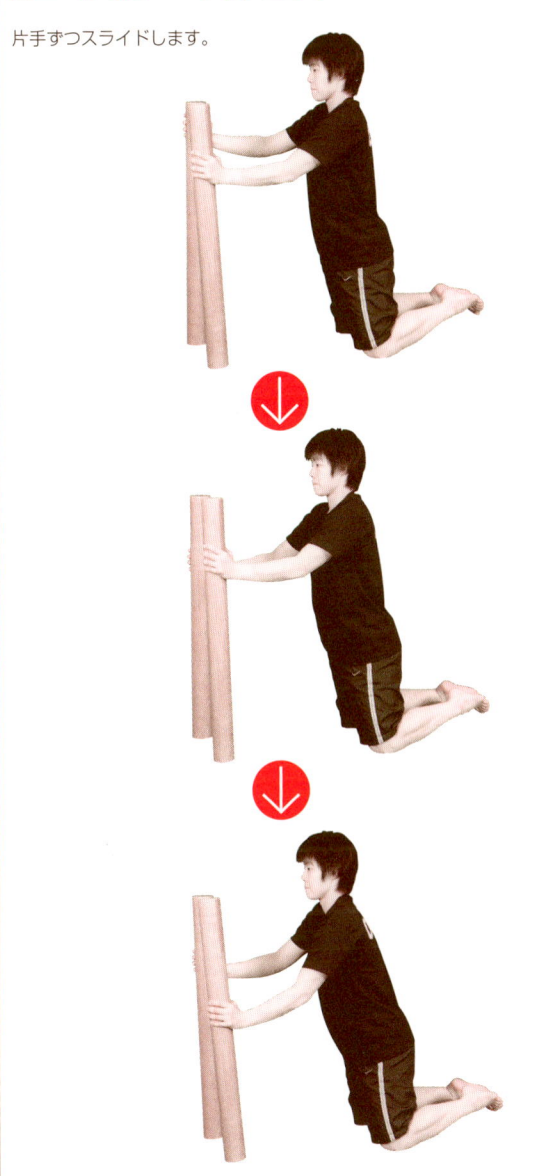

片手ずつスライドします。

第 1 章 | ログ | B 立位

この姿勢から始めます。
ログに両足で乗り、両手は頭の後ろへ。落ちないようにバランスを取りながらエクササイズしていきます。

■ツイスト

身体を左右に捻ります。

■側屈

身体を左右に倒します。

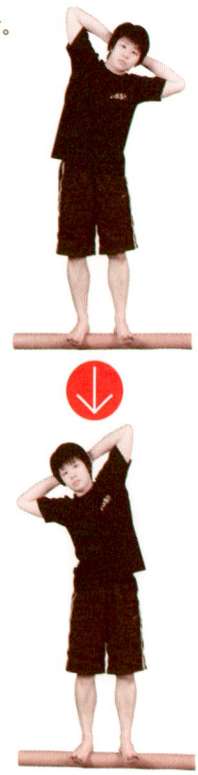

018

応用編

ショートログ2本に片足ずつ乗って同じメニューをやってみよう。難易度が上がります。

いろいろな置き方で、トレーニングの幅を広げよう！

■側屈

■ツイスト

■スクワット

■スクワット

第1章 | ログ | B 立位

この姿勢から始めます。

まず右足を前のログへ
乗せ、元の位置に。
次は左足を前のログに
乗せ、元の位置に。
これを繰り返そう。

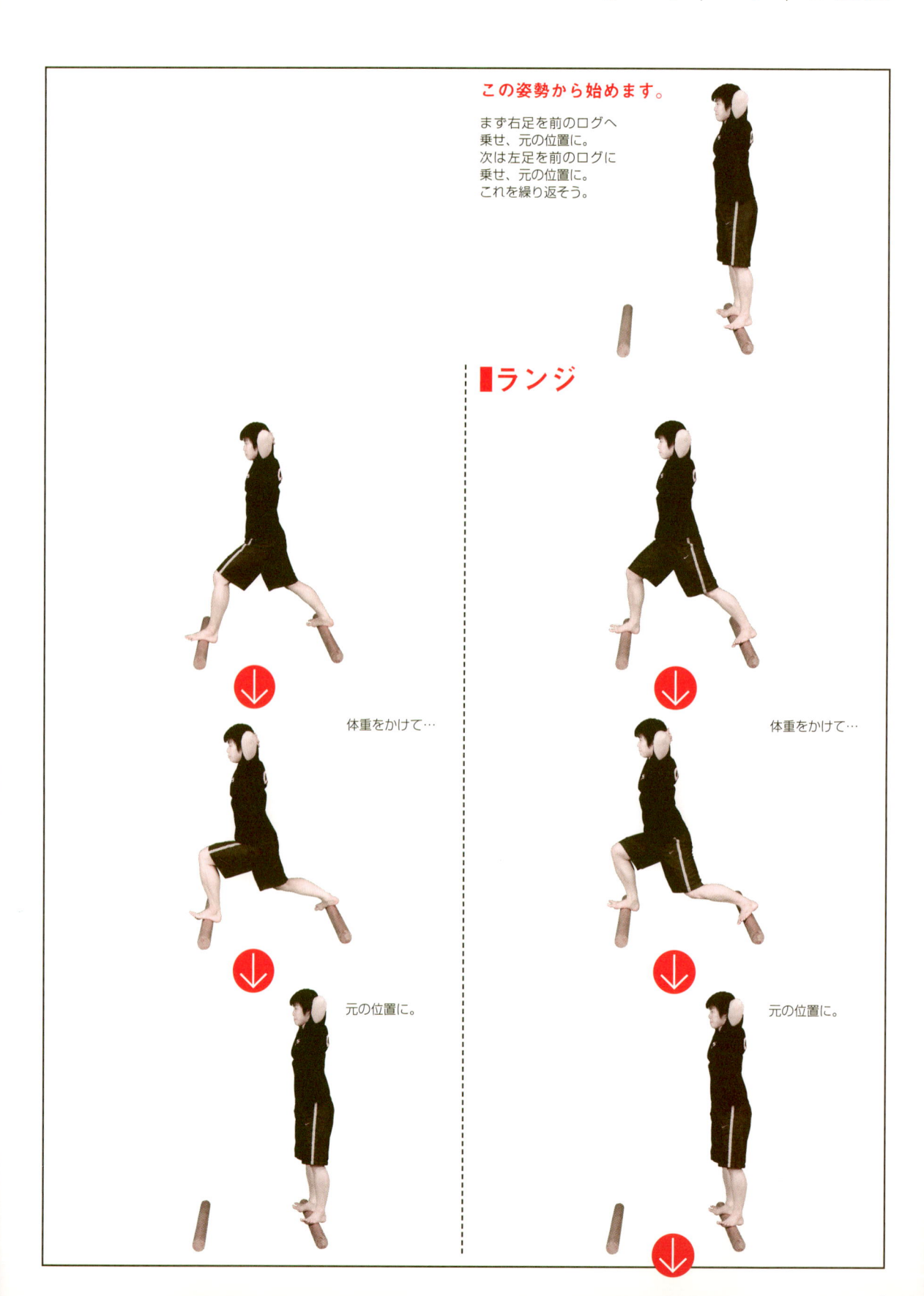

■ランジ

体重をかけて…

体重をかけて…

元の位置に。

元の位置に。

020

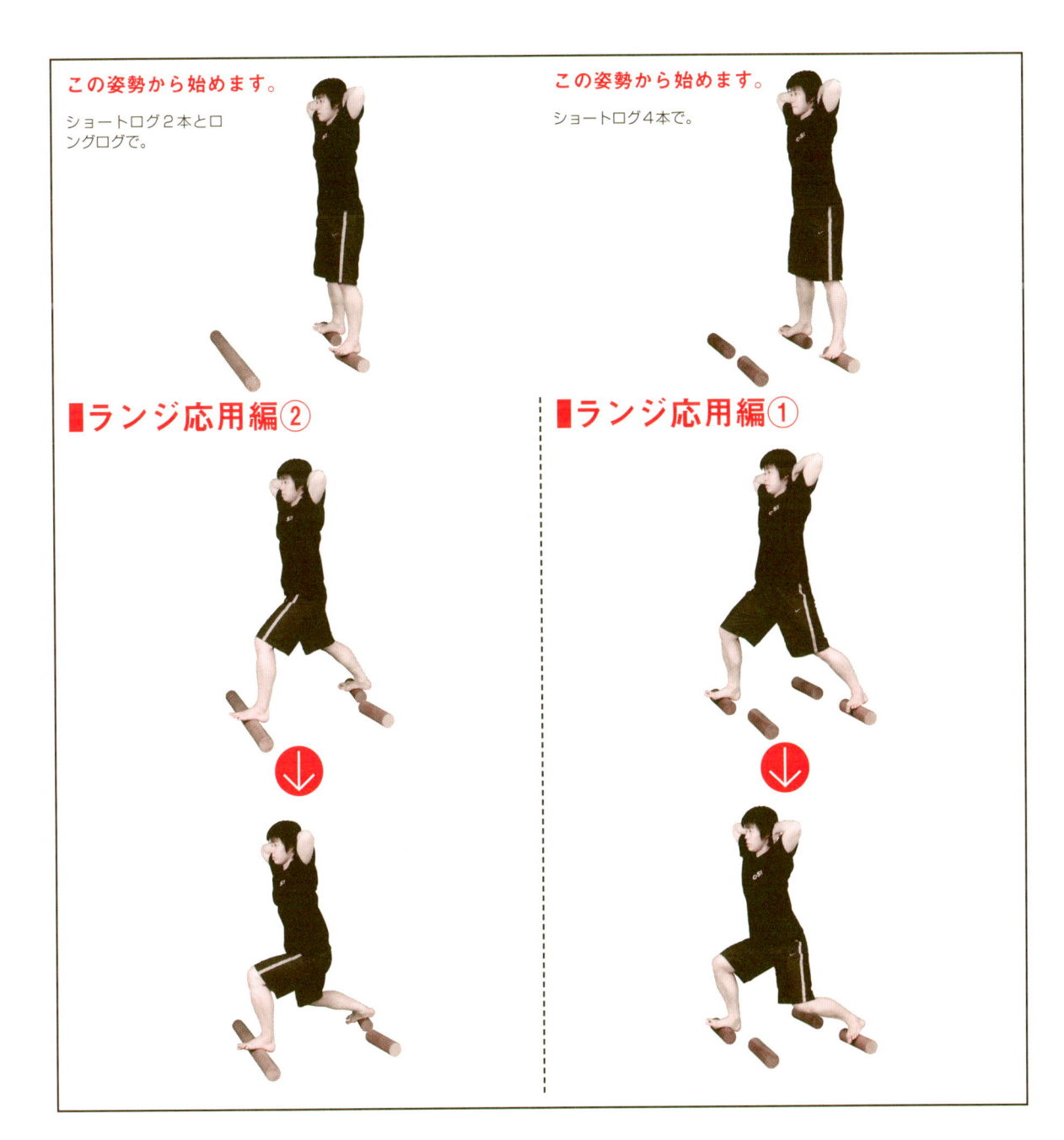

この姿勢から始めます。

ショートログ2本とロングログで。

この姿勢から始めます。

ショートログ4本で。

■ランジ応用編②

■ランジ応用編①

第1章 | ログ | B 立位

アレンジいろいろ

ショートログ2本に片足ずつ乗って同じメニューをやってみよう。難易度が上がります。

ショートログを4本横向きに置き移動。顔はいつも正面を向くように。

ショートログを一列に並べ一歩ずつ移動しよう。

ショートログにも、太さがいろいろ

ログの大きさを変化させることにより複雑に高低をつけることができます。

この姿勢から始めます。

片足ずつ少しずつスライドします。

■顔向け移動

移動するときは顔を進行方向に向け…

静止したら正面を向く。

この姿勢から始めます。

ショートログ4本で
やってみよう。

この姿勢から始めます。

ロングログ2本を縦に
置き、片足ずつ乗る。

■移動4本

■移動2本

片足ずつ一歩ずつ前へ
踏み出します。

第1章 ｜ ログ ｜ C 背臥位

この姿勢から始めます。
仰向けに寝て両手、両足でログを抱えます。

■仰向けツイスト
身体を左右に捻ります。

■側屈
身体を左右に曲げます。

片手でもやってみよう！

■仰向け移動

横へ移動します。

■移動

縦方向に移動します。

身体の右側と左側を上手に連動させることがポイント。

第1章 | ログ | D座位

この姿勢から始めます。　　　　　　　　　　この姿勢から始めます。

片手でもやってみよう。　　　　　仰向けに寝て両手、両足でログを抱えます。

■ツイストアップ捻り　　　　　■ツイストアップ

起き上がるとき、捻りを加えます。

026

片手でもやってみよう。

この姿勢から始めます。
両手両足でログを抱え、足は床から離します。

■座って移動

ログが左右に振れても良し。横へ移動しましょう。

■移動

前進します。

おしりを上手に使うのがコツ。

028

バランス木'ｓ(キッズ)
第2章
ウェーブ

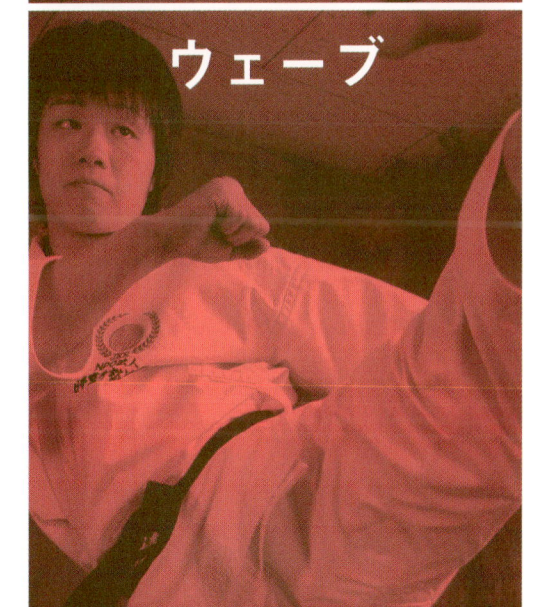

半月型のウェーブを平面が上になるように置くと、グラグラと不安定に揺れますが、第1章のログよりはゆるやかな揺れ具合です。ウェーブに乗るとき、大切になってくるのは隅々の調整よりも全身の安定、とくに体幹部の安定感です。重心が正しい位置になければウェーブは正直にひっくり返ってしまいますから、バランスを取っているうちに正しい体重のかけ方ができるようになり、運動の基本となる身体の「軸」ができてきます。

ウェーブ大

ウェーブ中

ウェーブ小

第2章 | ウェーブ | A 伏臥位

この姿勢から始めます。

両膝をウェーブに乗せ床に両手をつきます。

■膝立ちツイスト

背中を丸めながら身体を捻り…

↓

反対を向きながら背中を反らします。

■膝立ちクランチ

ゆっくり背中を丸めます。

↓

顔を上げ、背中を反らします。

この姿勢から始めます。

つま先でウェーブに乗り、両手は床に。

■つま先ツイスト

■つま先クランチ

↓

↓

第2章 | ウェーブ | A 伏臥位

この姿勢から始めます。

■クロス

次は手をクロスさせながら、ウェーブの周りを一周。

■回り移動

片手ずつスライドさせながら、ウェーブの周りを一周します。

※右回り、左回り両方やってみよう。

この姿勢から始めます。	この姿勢から始めます。
つま先でウェーブに乗ります。	なるべく背中を丸めた状態からスタート！

■つま先ハンドウォーク　　■膝立ちハンドウォーク

ウェーブの位置は固定して、片手ずつ交互に前に移動します。

←
↓

←
↓

←　行けるところまで！　　　←　できるだけ遠くまで行こう！

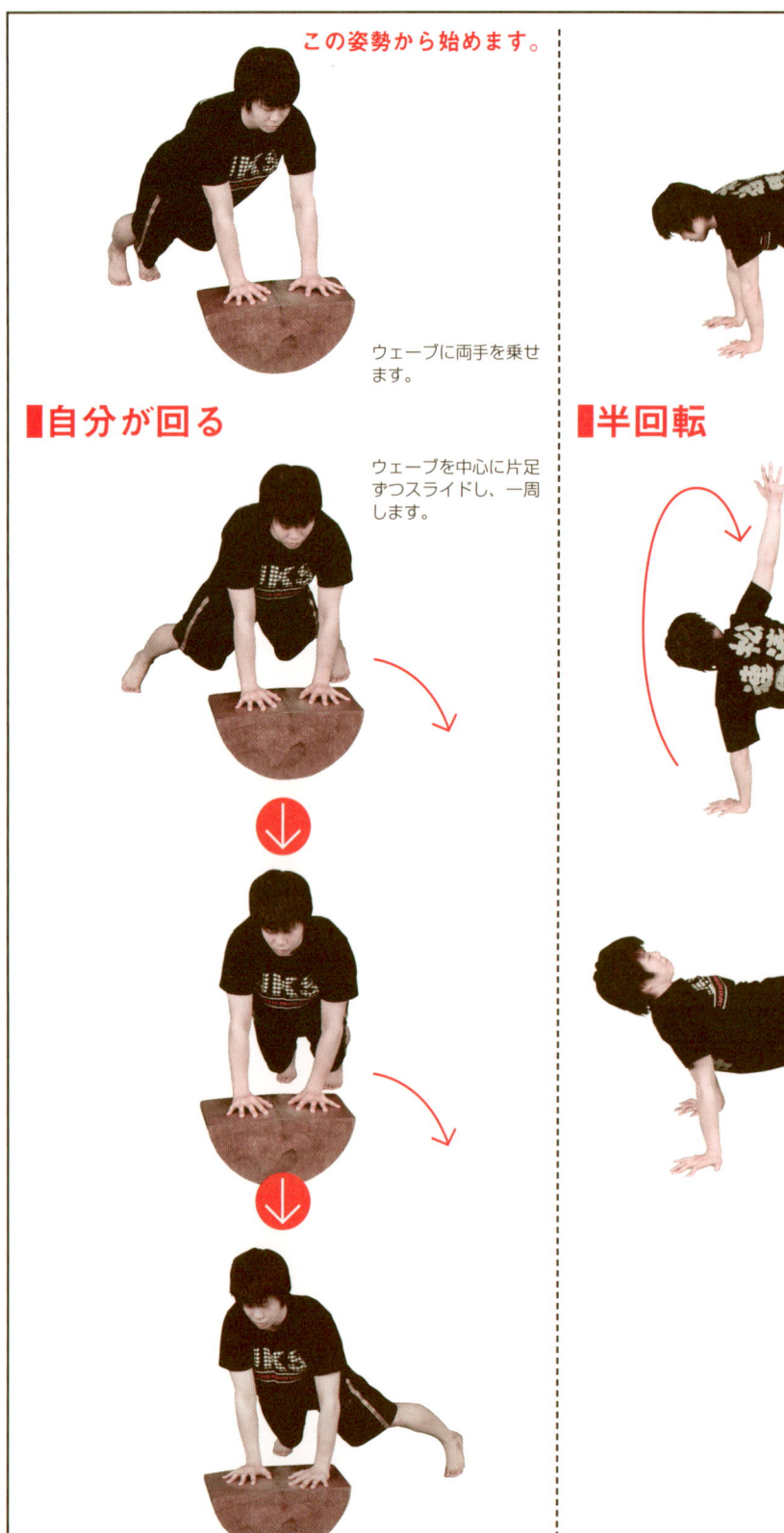

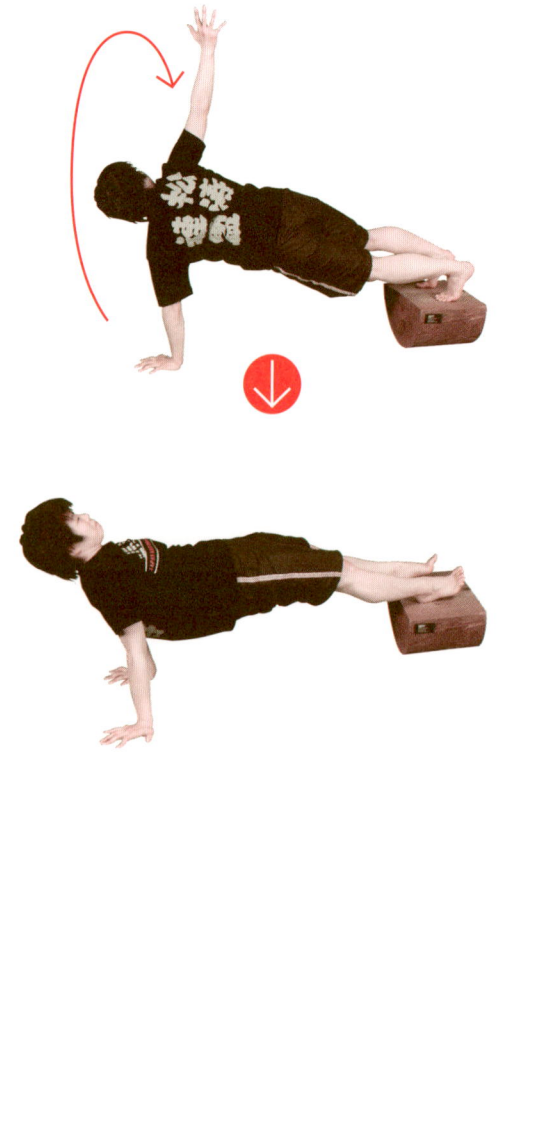

第 2 章 ｜ ウェーブ ｜ A 伏臥位

この姿勢から始めます。

ウェーブに両手を乗せます。

■自分が回る

ウェーブを中心に片足ずつスライドし、一周します。

この姿勢から始めます。

■半回転

034

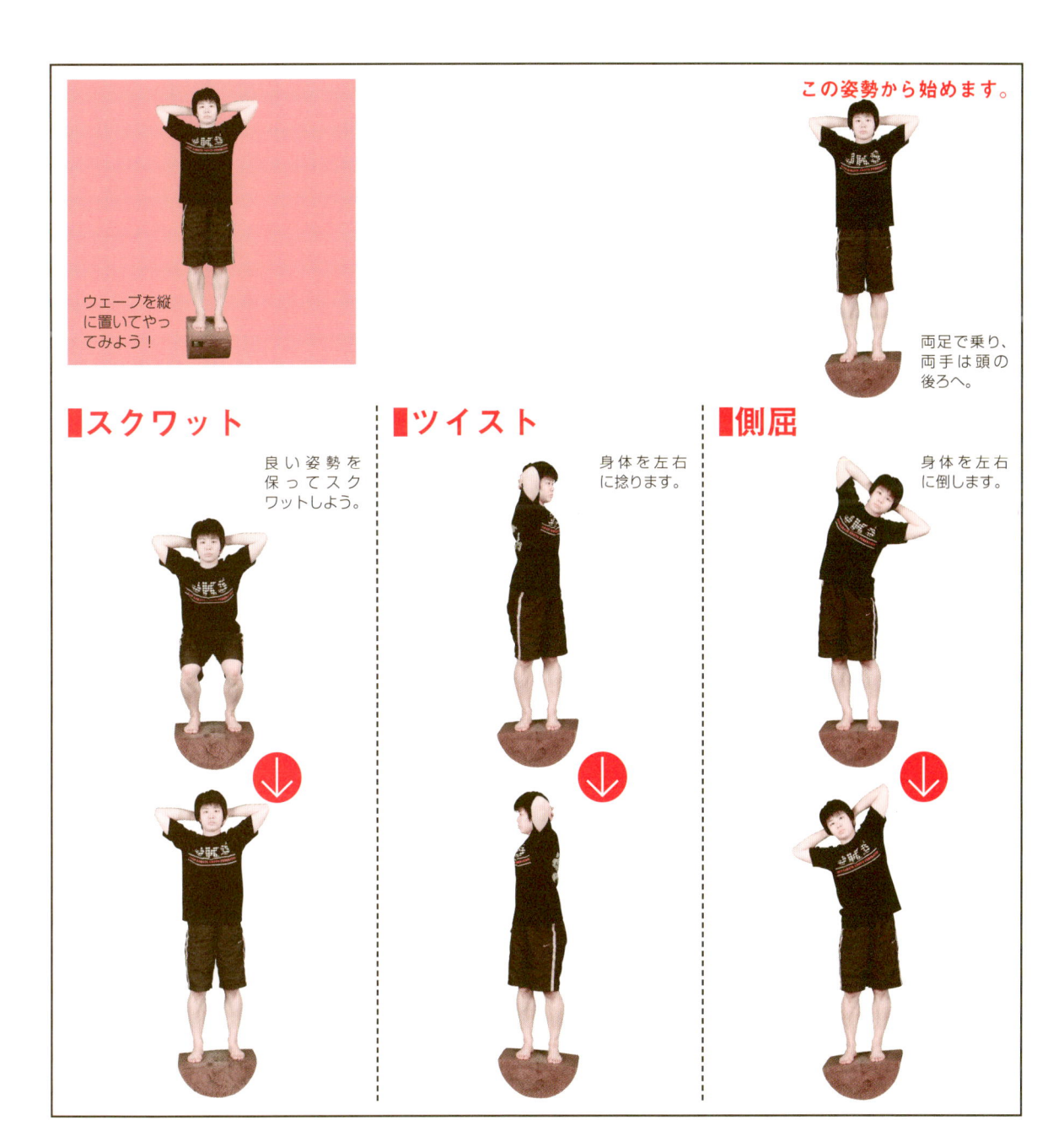

第2章 | ウェーブ | B 立位

ウェーブを縦に置いてやってみよう！

この姿勢から始めます。

両足で乗り、両手は頭の後ろへ。

■スクワット

良い姿勢を保ってスクワットしよう。

■ツイスト

身体を左右に捻ります。

■側屈

身体を左右に倒します。

第2章 | ウェーブ | B立位

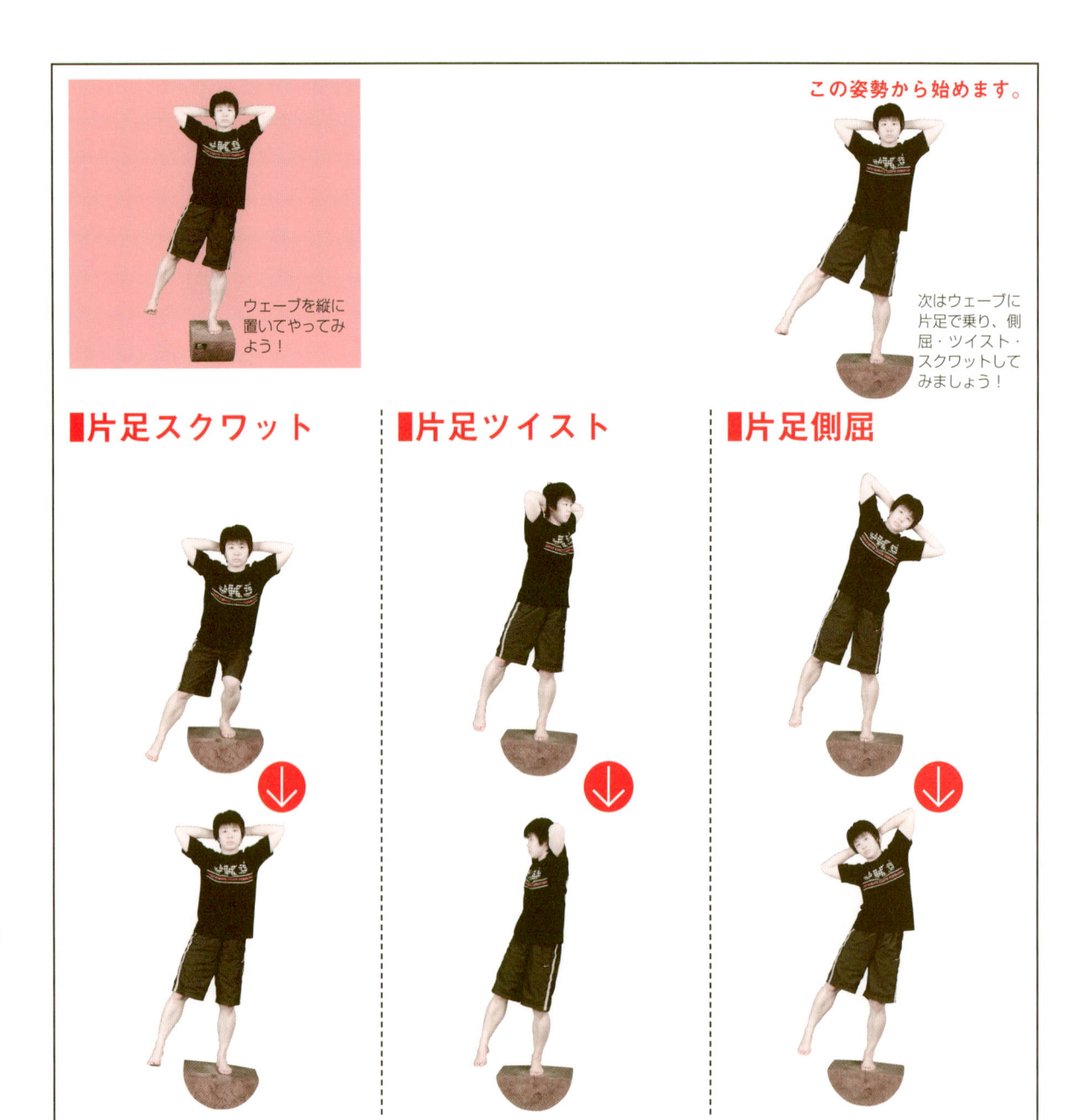

ウェーブを縦に置いてやってみよう！

この姿勢から始めます。

次はウェーブに片足で乗り、側屈・ツイスト・スクワットしてみましょう！

■片足スクワット

■片足ツイスト

■片足側屈

036

この姿勢から始めます。

2つのウェーブに片足ずつ乗り、同様にやってみましょう。

■スクワット　　■ツイスト 　　■側屈

第2章 | ウェーブ | B 立位

この姿勢から始めます。

まず基本的なフォワードランジを3つを紹介します。

■床降りランジ①

後ろ足をウェーブに乗せ両足を整えます。

左足を前へ。

体重をかけ…

ウェーブに戻ります。

左足を後ろへ戻しスタートの姿勢に。

038

■床降りランジ③

後ろ足をウェーブに乗せることなく前へ。

体重をかけ、前足をウェーブに乗せることなくスタートの姿勢に戻ります。

■床降りランジ②

右足を前へ。

体重をかけます。この後、ウェーブの上で両足を揃えてから戻ります。

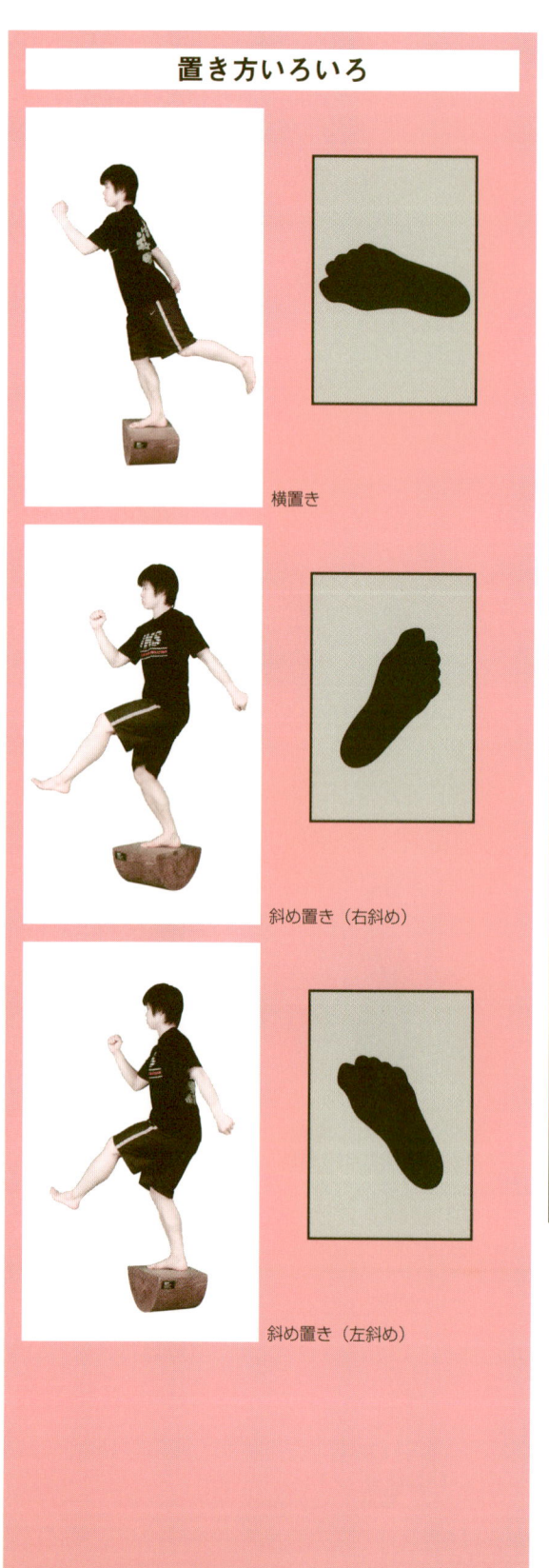

第2章｜ウェーブ｜B 立位

置き方いろいろ

横置き

斜め置き（右斜め）

斜め置き（左斜め）

この姿勢から始めます。

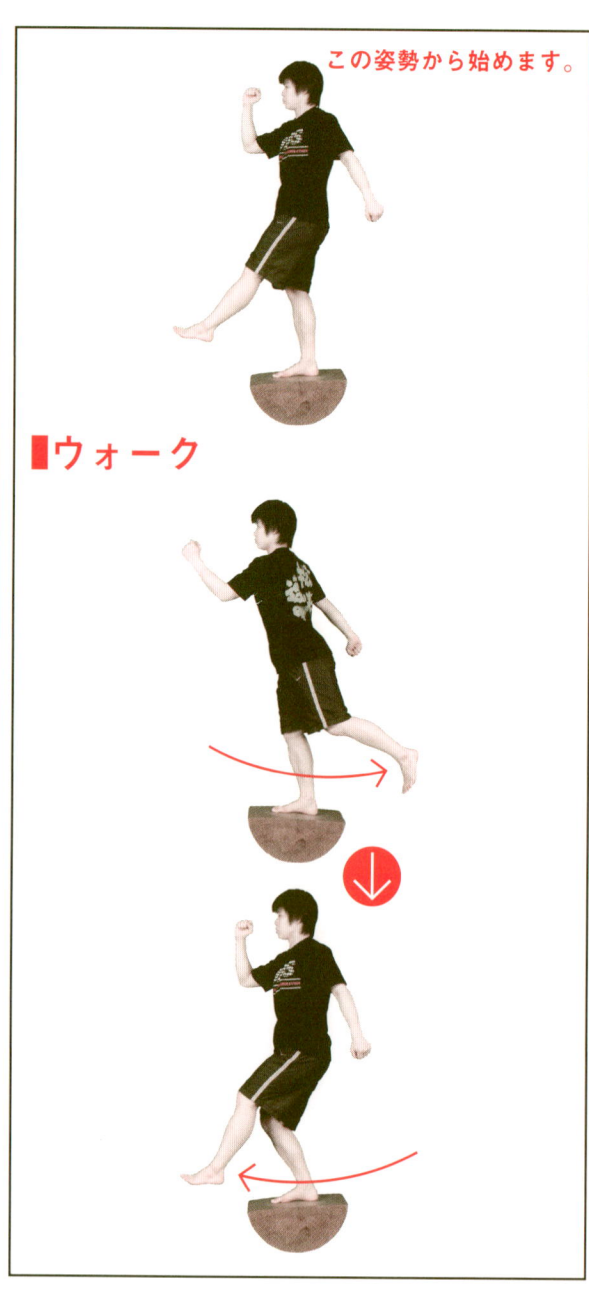

■ ウォーク

040

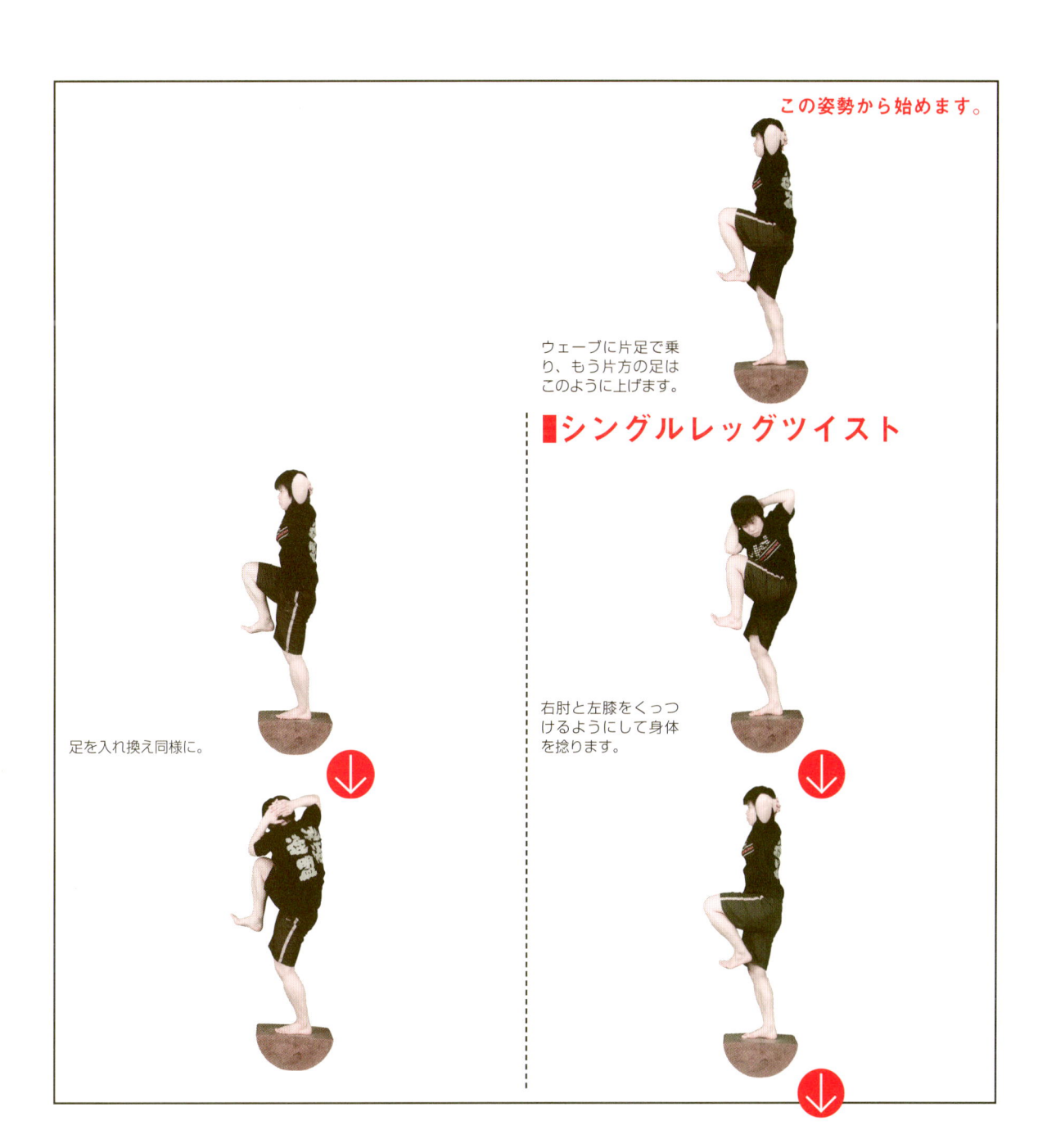

この姿勢から始めます。

ウェーブに片足で乗り、もう片方の足はこのように上げます。

■シングルレッグツイスト

右肘と左膝をくっつけるようにして身体を捻ります。

⬇

⬇

⬇

足を入れ換え同様に。

第 2 章 | ウェーブ | B 立位

ウェーブを縦に置いてやってみよう！

この姿勢から始めます。

ウェーブの横に立ちます。

■床つきサイドランジ

片足をウェーブに乗せ…

次は反対側、片足ずつ移動します。

もう片方の足も乗せ、バランスを整えます。

042

■サイドランジ（トリプルウェーブ）

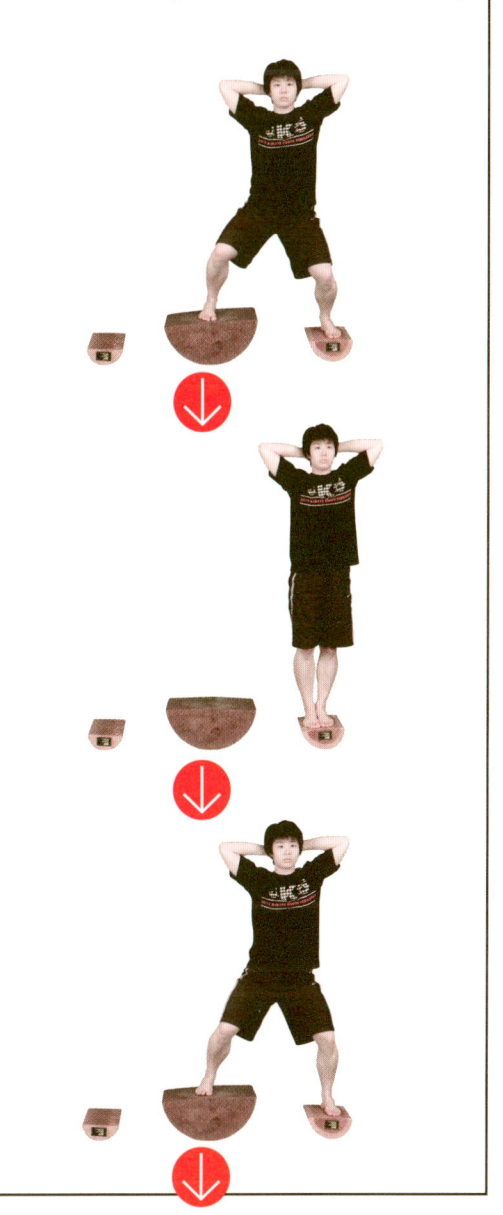

この姿勢から始めます。

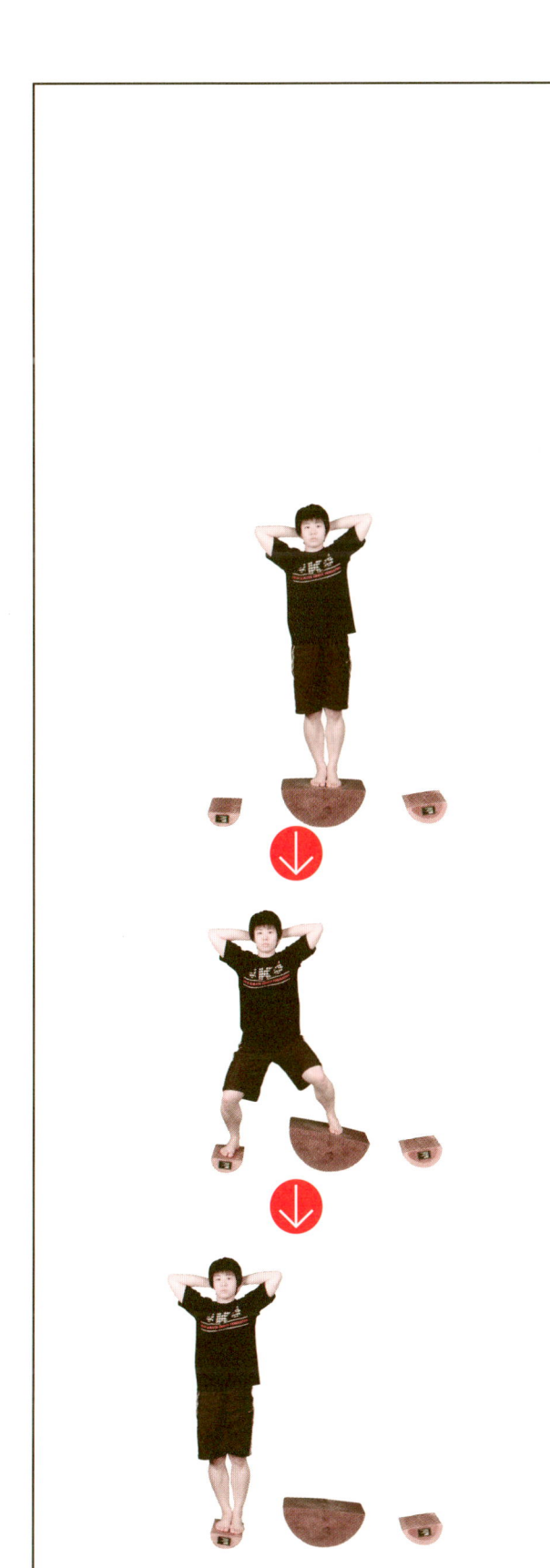

ウェーブを3つ用意します。

ウェーブの大きさを変化させることでバリエーションが広がります。

第2章 ｜ ウェーブ ｜ B立位

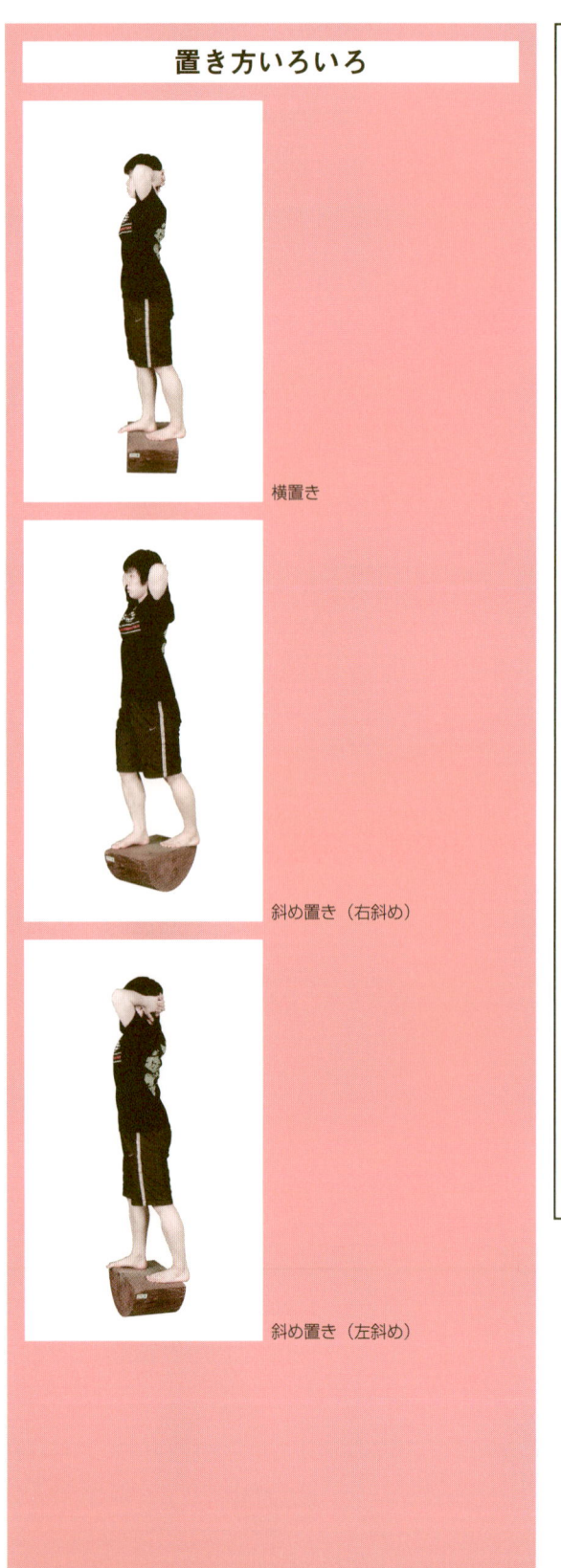

置き方いろいろ

横置き

斜め置き（右斜め）

斜め置き（左斜め）

この姿勢から始めます。

足を前後にずらして立ち、スクワットします。

■ スプリットスクワット

↓

この姿勢から始めます。　　　　　この姿勢から始めます。

5つのウェーブで
やってみましょう。

ウェーブ2つを用意
します。

■ フォワード＆サイドコンビネーション　　■ フォワードランジ（Wウェーブ）
（ファイブウェーブ）

前後左右に移動します。

前のウェーブに着地
して、ランジを行い
ます。

↓　　　　　　　　　　　↓

↓　　　　　　　　　　　↓

　　　　　　　　　　　　戻ります。

第 2 章 ｜ ウェーブ ｜ C 座位

この姿勢から始めます。

ウェーブに座り、足は床から離します。

■ツイスト

身体を左右に捻ります。

■側屈

身体を左右に倒します。

046

この姿勢から始めます。　　　　　　　　　　　　　この姿勢から始めます。

■ニートゥチェスト

足を伸ばした状態から
始めます。

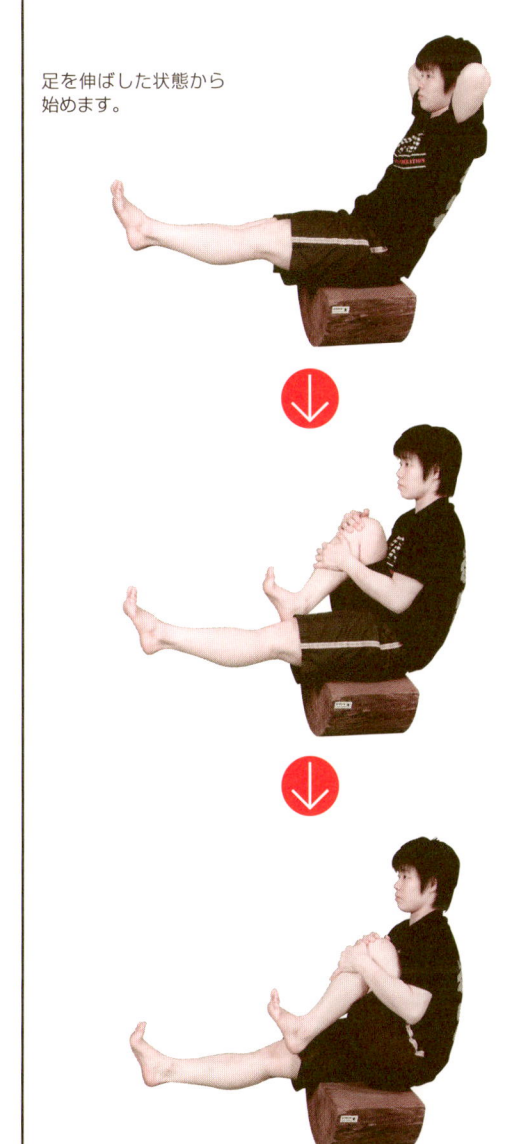

↓

↓

■ニートゥウエスト

片足ずつ胸の方へ引き
つけ、抱えます。

↓

↓

第2章｜ウェーブ｜C座位

この姿勢から始めます。

中または小サイズのウェーブを2つ用意してやってみましょう。

■ツイスト（Wウェーブ）

■側屈（Wウェーブ）

048

応用編

ウェーブの上で1回転してみよう！

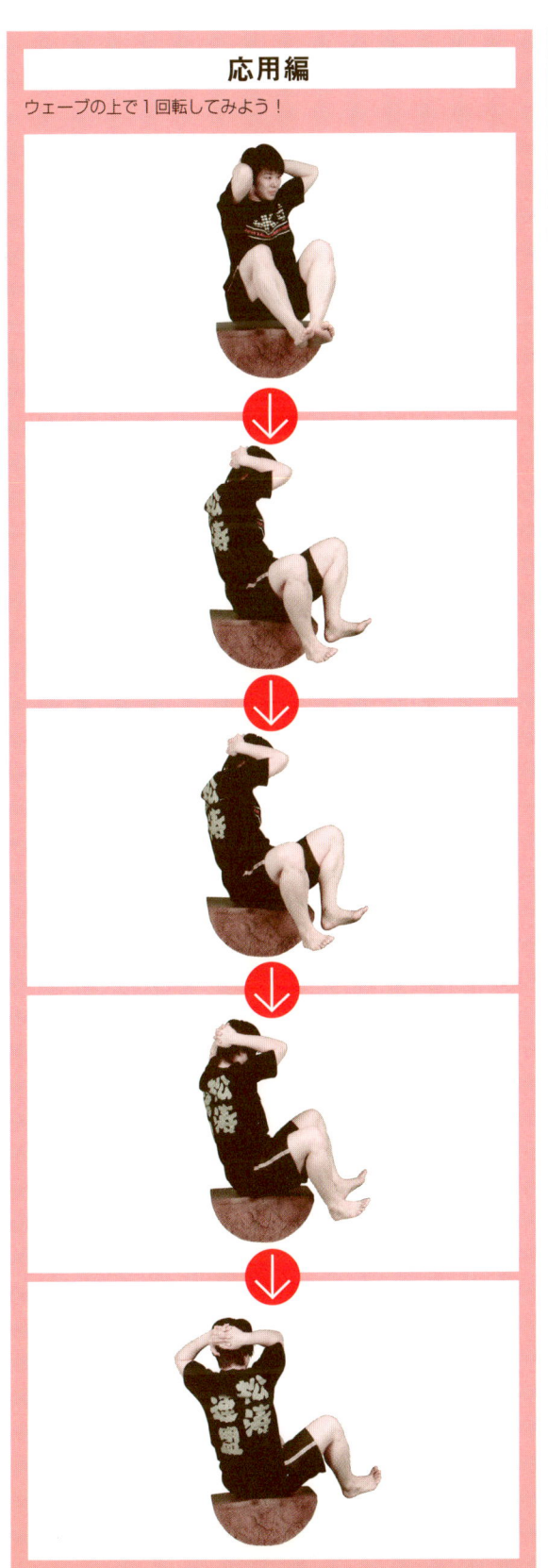

■ニートゥチェスト（Ｗ(ダブル)ウェーブ）

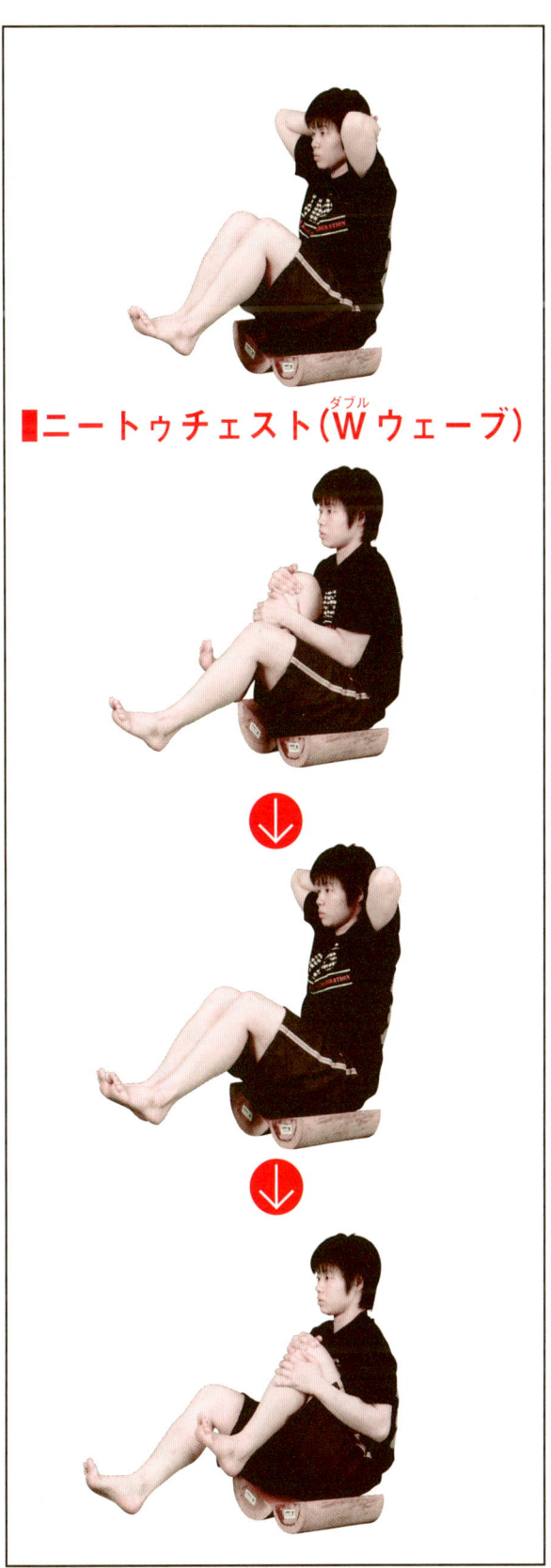

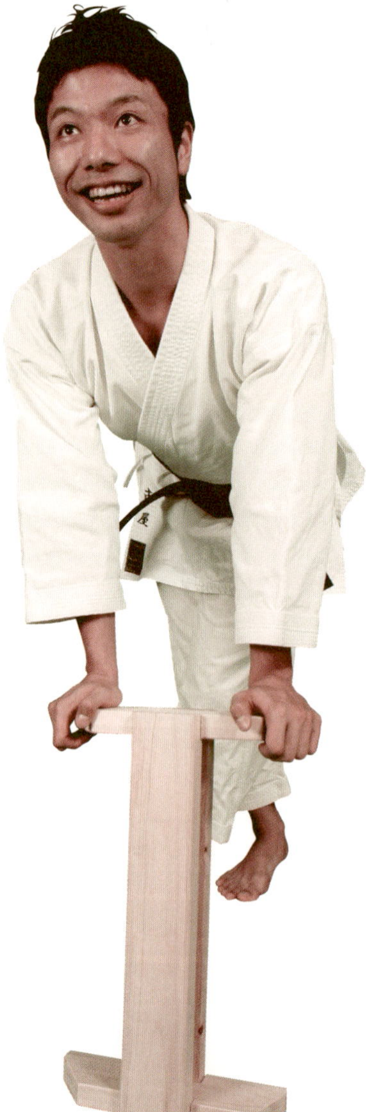

バランス木ｷｯｽﾞS
第3章
スロープ

バランス木ｷｯｽﾞSスロープは、2枚の四角い板が微妙に斜めになっているのが特徴です。
微妙な傾斜を足の裏や手の皮膚で感じることで、身体の先端の感覚が鋭く養われます。競技ではとくに技術面で、ほんの数ミリの違いが勝負を分けることがあります。傾斜や木目を繊細に「感じ取ろう」としながらスロープに乗ってみてください。

スロープ

第3章 | スロープ | A 伏臥位

この姿勢から始めます。

■ツイスト

背中を丸めながら身体を捻ります。

⬇

反対へ捻りながら背中を反らせます。

■クランチ

ゆっくり背中を丸めます。

⬇

顔を上げ、背中を伸ばします。

手の置き方いろいろ

片手を順手、もう片方を逆手にする。

両手を逆手にする。

第3章 | スロープ | A 伏臥位

この姿勢から始めます。

両手、両足ともスロープに乗って行います。

■W（ダブル）スロープツイスト

↓

■W（ダブル）スロープクランチ

↓

054

※
| 高 ▼ 低 | スロープの傾斜の高低を表す記号 |

置き方いろいろ

■スロープの傾斜②

■スロープの傾斜①

■スロープの傾斜④

■スロープの傾斜③

■T字に置いてみよう⑥

■T字に置いてみよう⑤

第3章 | スロープ | A 伏臥位

この姿勢から始めます。

■プッシュアップ

つま先立ちでやってみましょう。

■プッシュアップニーリング

床に膝をつき、両手をスロープに置いて腕立て伏せをします。

■回転して移動

スロープに両手をついたまま、片足ずつスライドしてスロープの周りを一周します。

第3章 | スロープ | B 立位

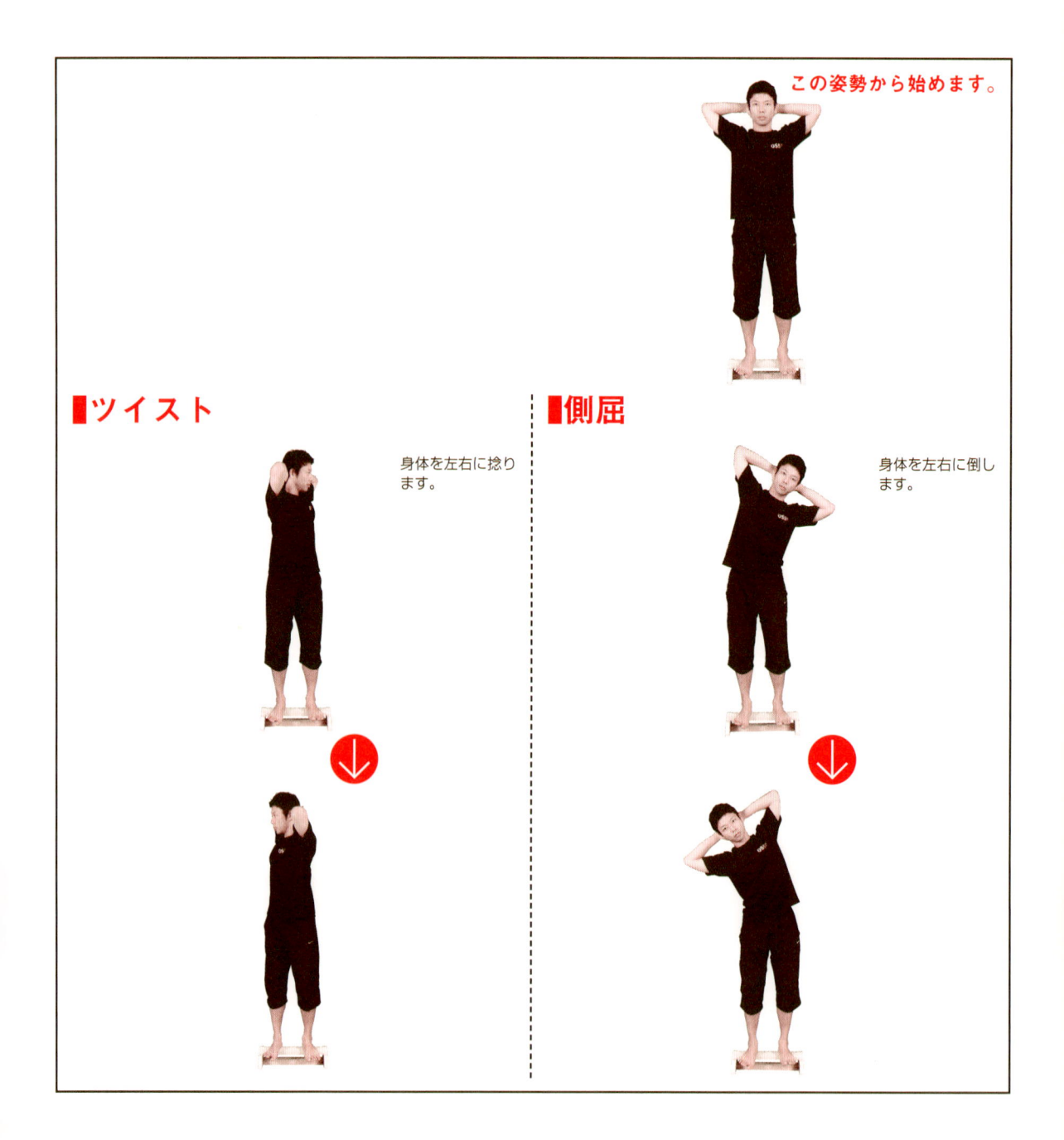

この姿勢から始めます。

■ツイスト

身体を左右に捻ります。

■側屈

身体を左右に倒します。

■カーフレイズ（同時）

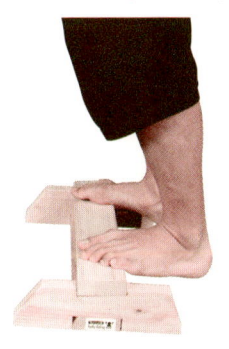

つま先でスロープに乗り、かかとを上下させます。

■トゥレイズ（同時）

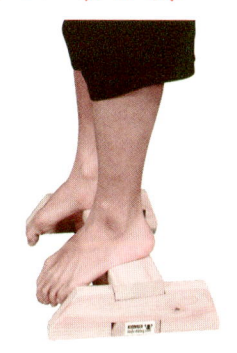

かかとでスロープに乗り、つま先を上下させます。

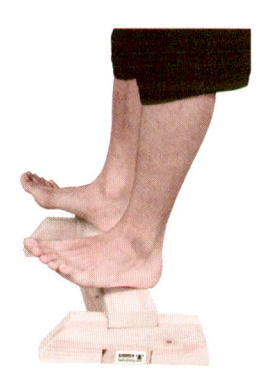

■カーフレイズ（交互）

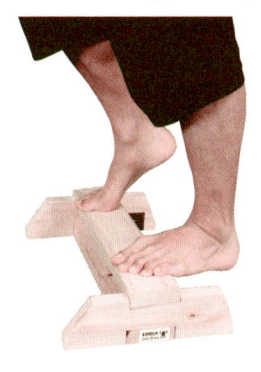

つま先でスロープに乗り、左右交互にかかとを上下させます。

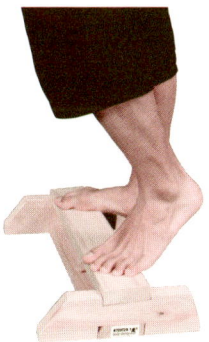

■トゥレイズ（交互）

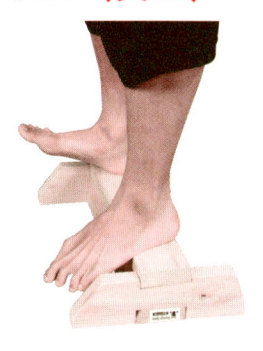

かかとでスロープに乗り、左右交互につま先を上下させます。

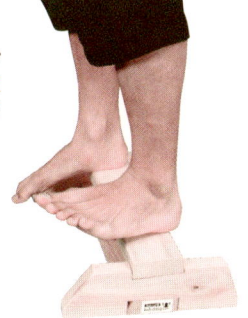

第3章 | スロープ | B 立位

■W スロープトゥレイズ
（ダブル）

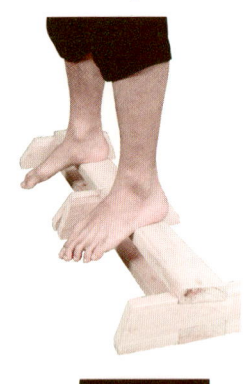

この姿勢から始めます。

スロープを2つ並べ、片足ずつ乗って行います。

■W スロープカーフレイズ
（ダブル）

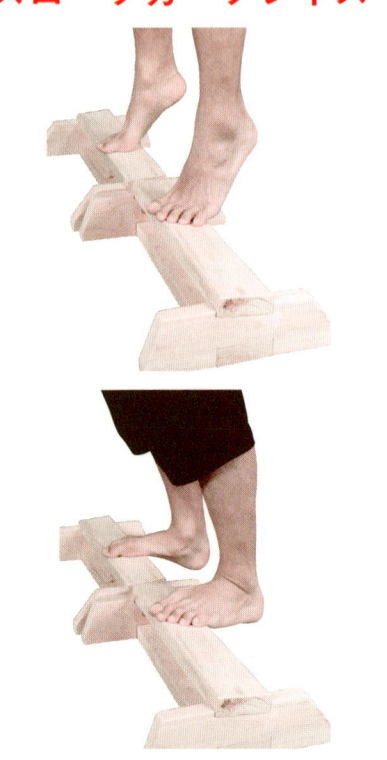

060

この姿勢から始めます。

この姿勢から始めます。

スロープを2つ並べ、片足ずつ乗ります。

■Wスロープスクワット
（ダブル）

■スクワット

1つのときとはバランスの取り方が変わります。

↓

↓

置き方いろいろ

■谷型

■山型

■波型

第 3 章 | スロープ | B 立位

一つのスロープに前後に足を開いて乗ります。前足はかかと、後ろ足はつま先で立っています。

この姿勢から始めます。

■Wスロープスプリットスクワット
ダブル

■スプリットスクワット

2つのスロープをT字に置いてやってみましょう。

062

この姿勢から始めます。　　　　　　　　　　　　この姿勢から始めます。

■W スロープサイドウォーク　　■サイドウォーク
（ダブル）

スロープ2つを一列に並べてやってみましょう。

一歩ずつ横へ移動します。

第3章 | スロープ | B 立位

この姿勢から始めます。

スロープ2個でやってみましょう。

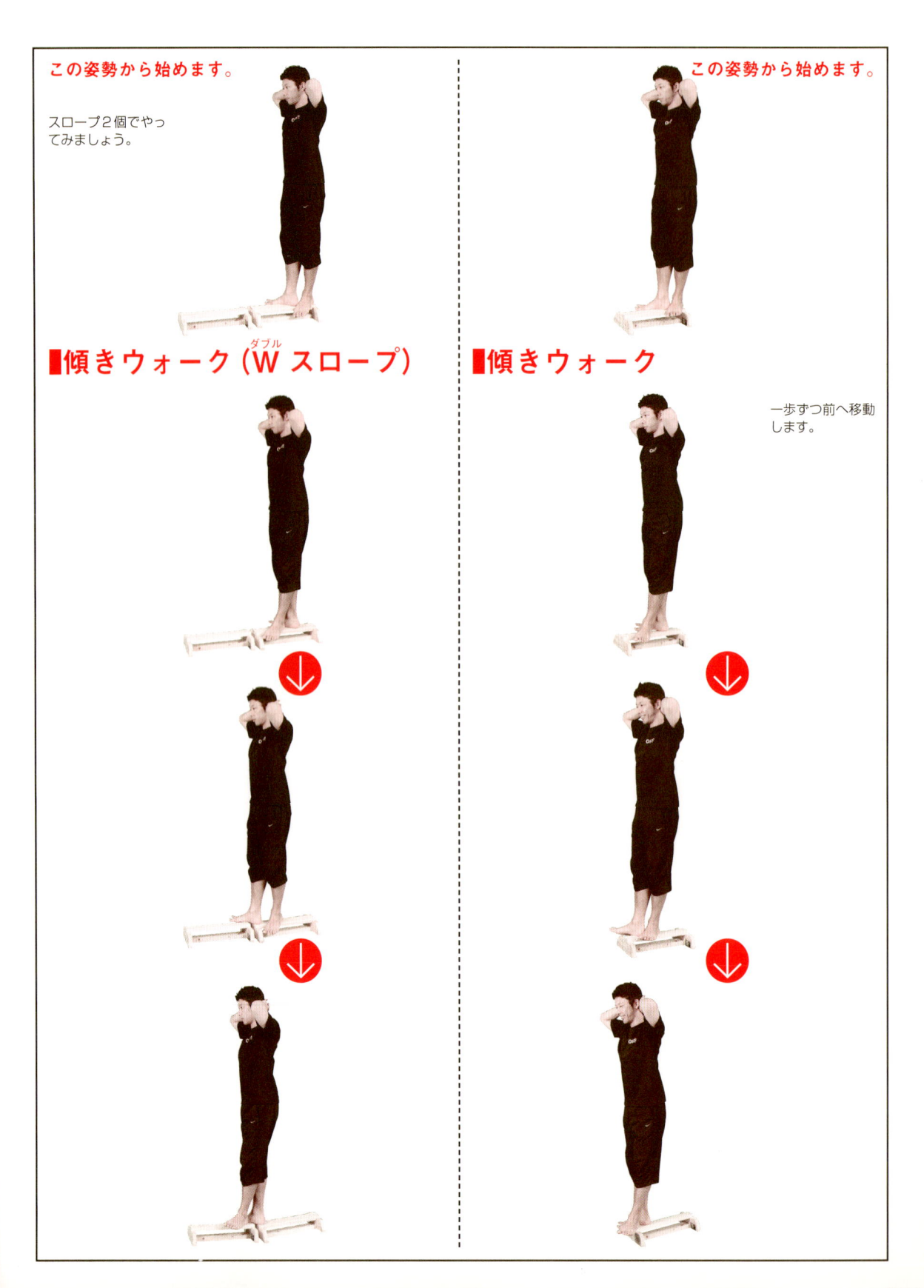

■傾きウォーク（Ｗ スロープ）
ダブル

この姿勢から始めます。

■傾きウォーク

一歩ずつ前へ移動します。

064

第3章 | スロープ | C座位

この姿勢から始めます。

スロープに座りかか
とを床に。

■前傾斜ツイスト

身体を左右に捻ります。

↓

■前傾斜クランチ

できるだけ背中を丸
めて。

↓

戻ります。

第3章 | スロープ | C座位

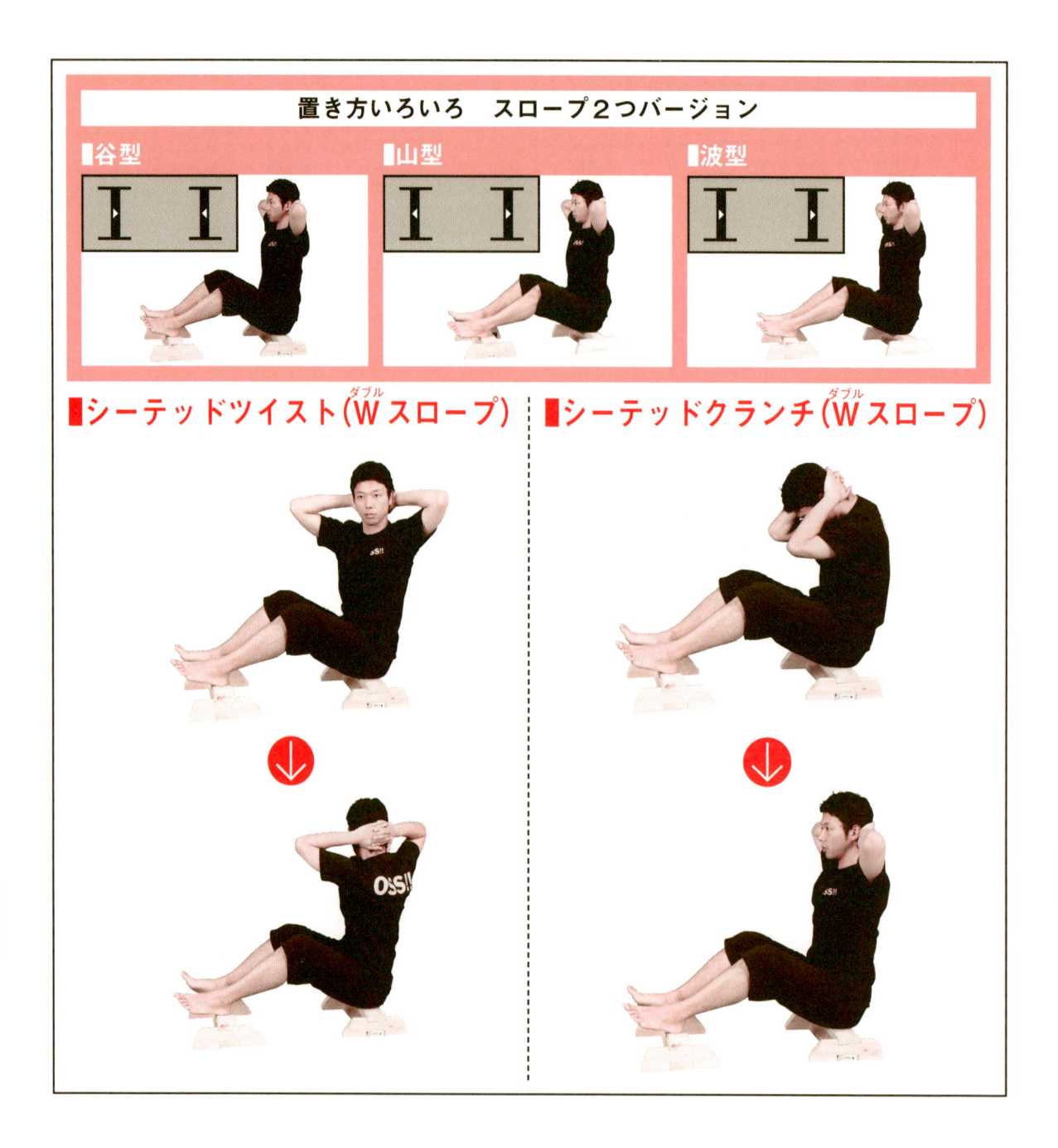

置き方いろいろ　スロープ2つバージョン

■谷型　　　■山型　　　■波型

■シーテッドツイスト（Wスロープ）

■シーテッドクランチ（Wスロープ）

片足を浮かせてやってみよう。

この姿勢から始めます。

■ワンレッグシーテッドツイスト
（Wスロープ）
ダブル

■ワンレッグシーテッドクランチ
（Wスロープ）
ダブル

068

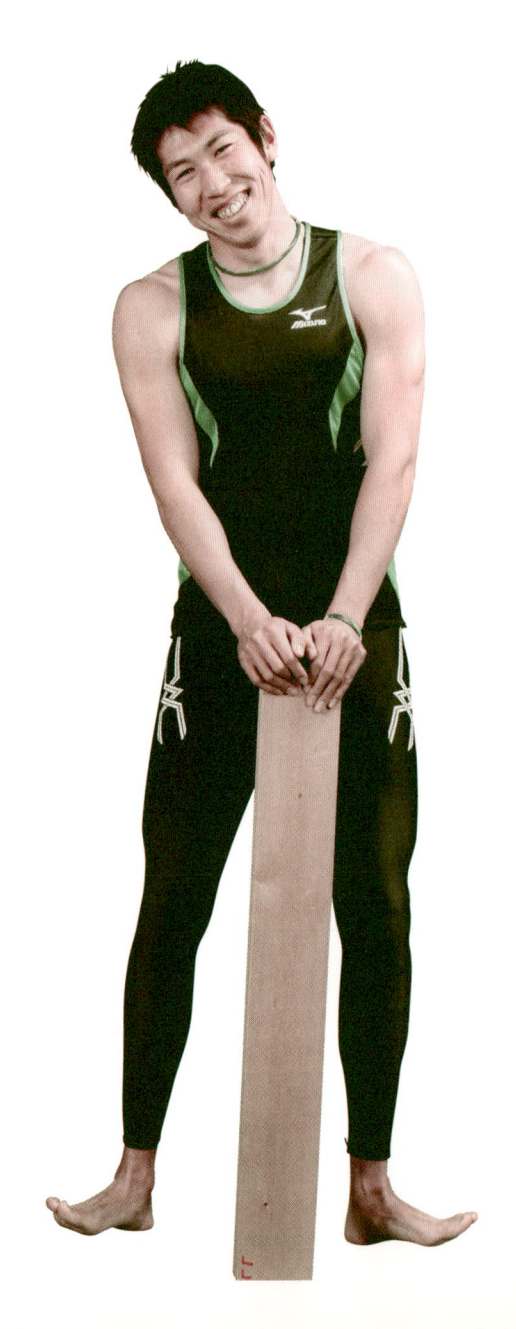

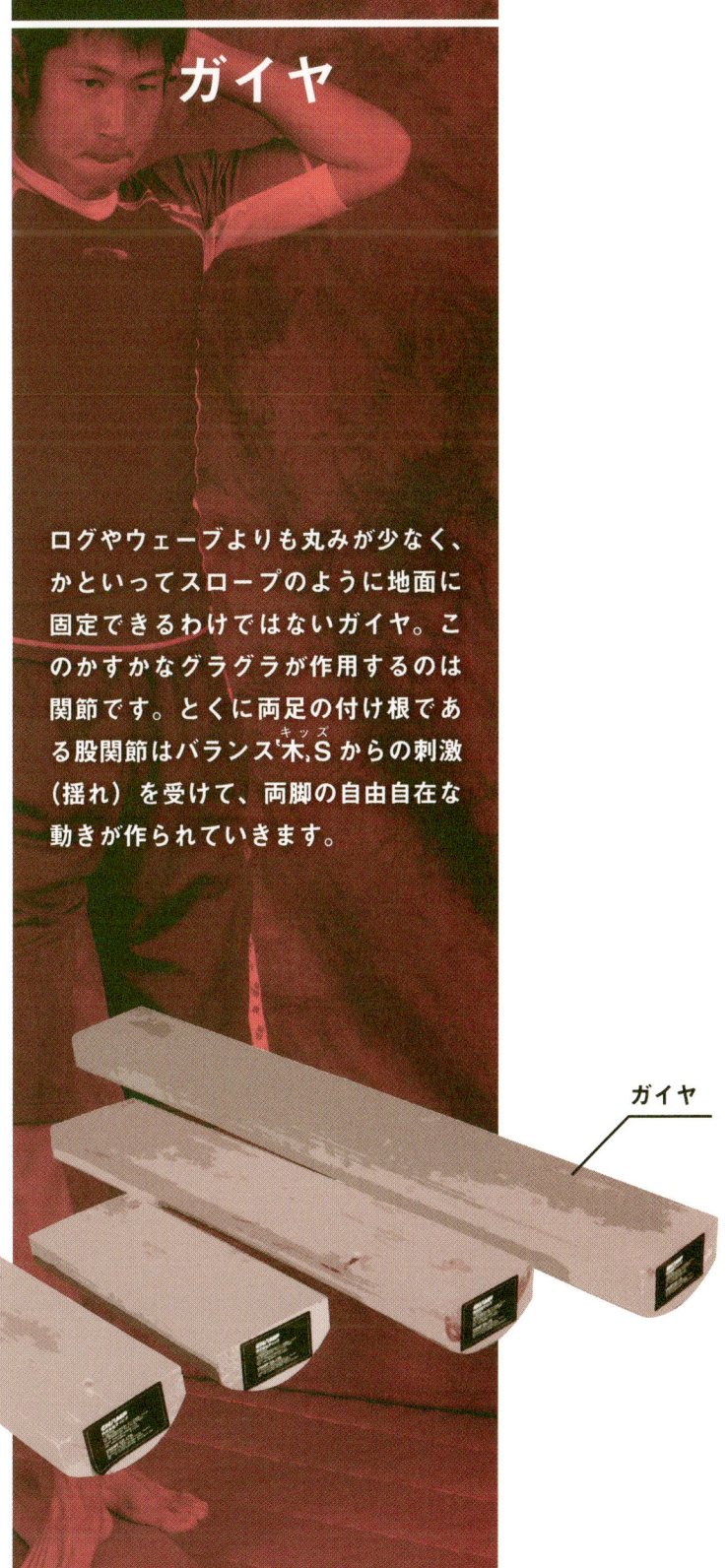

バランス木,S キッズ
第4章
ガイヤ

ログやウェーブよりも丸みが少なく、かといってスロープのように地面に固定できるわけではないガイヤ。このかすかなグラグラが作用するのは関節です。とくに両足の付け根である股関節はバランス木,Sキッズからの刺激（揺れ）を受けて、両脚の自由自在な動きが作られていきます。

ショートガイヤ

ガイヤ

第4章 | ガイヤ | A 伏臥位

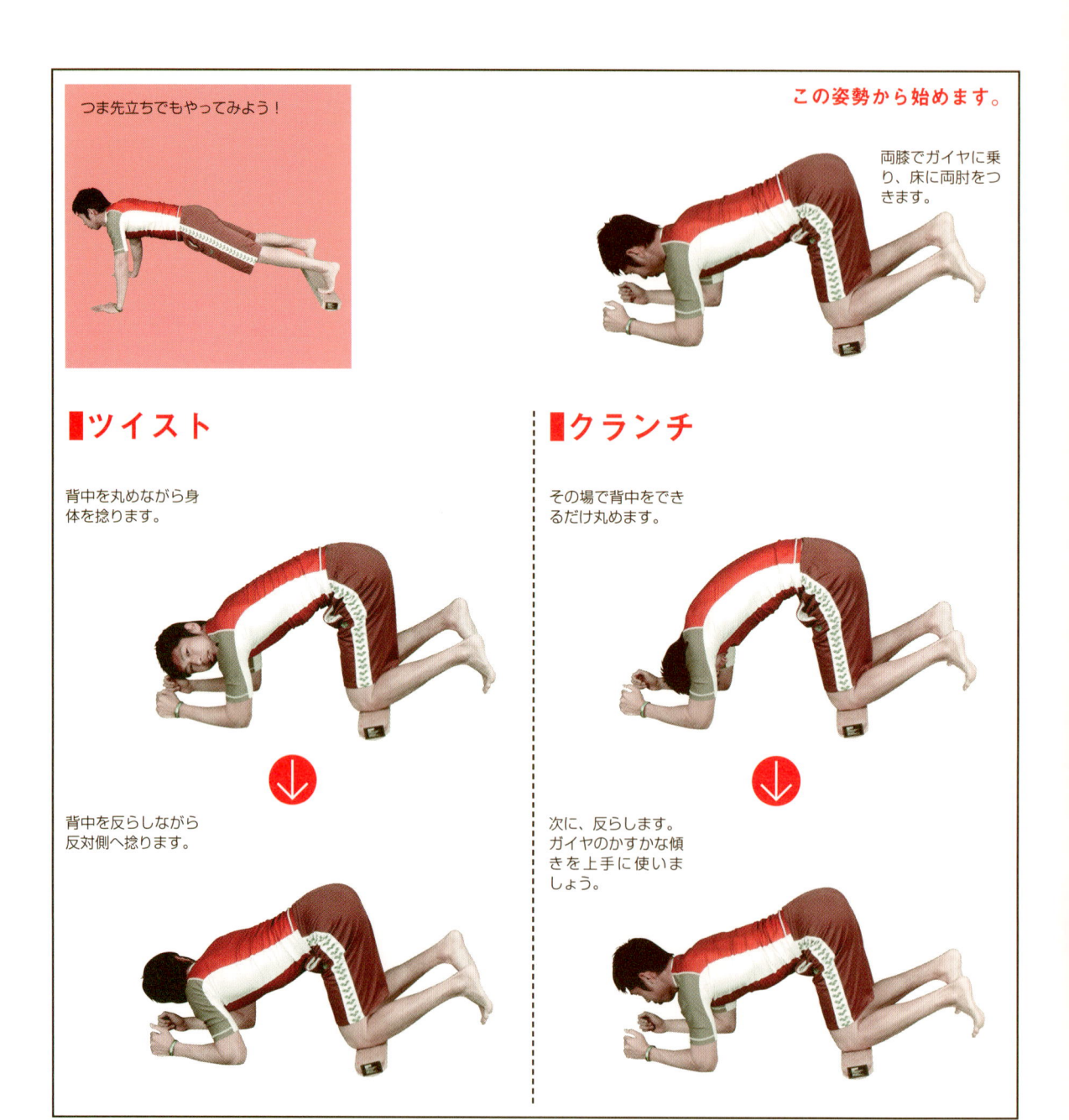

つま先立ちでもやってみよう！

この姿勢から始めます。

両膝でガイヤに乗り、床に両肘をつきます。

■ツイスト

背中を丸めながら身体を捻ります。

↓

背中を反らしながら反対側へ捻ります。

■クランチ

その場で背中をできるだけ丸めます。

↓

次に、反らします。ガイヤのかすかな傾きを上手に使いましょう。

070

この姿勢から始めます。

両手、両足でガイヤに乗ります。

■片足ツイスト

⬇

■クランチ

⬇

第4章 | ガイヤ | B 立位

この姿勢から始めます。

ガイヤの左端から始めます。左手を頭、右手を膝に置いて。

■右へサイドウォーク

今度は右方向へ移動します！

この姿勢から始めます。

左方向へ移動します。左手は膝へ、右手は頭の後ろへ。

■左へサイドウォーク

一歩ずつ足をスライドし、端まで行きます。

ガイヤから落ちないように…

072

■一軸ウォーク

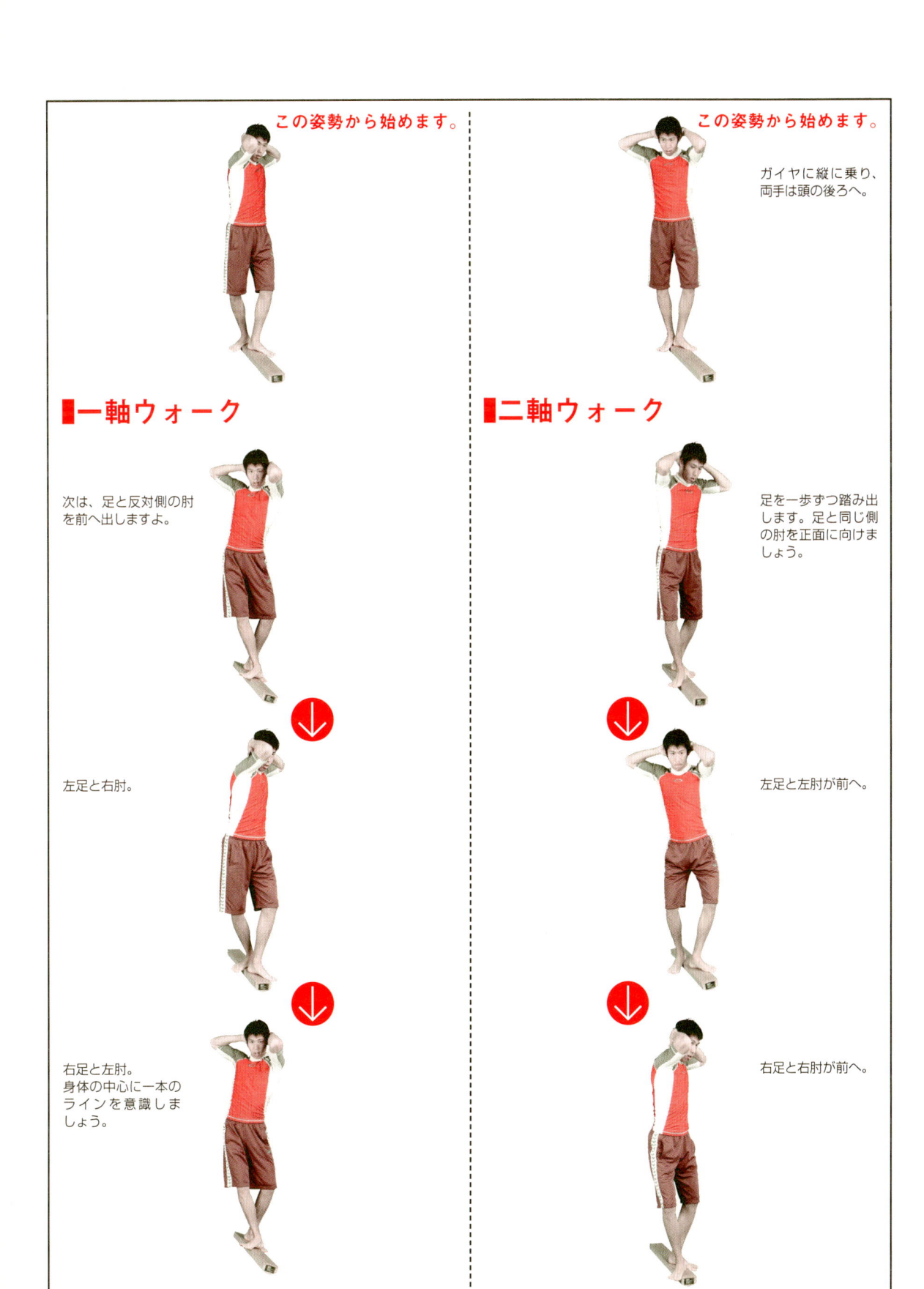

この姿勢から始めます。

次は、足と反対側の肘を前へ出しますよ。

左足と右肘。

右足と左肘。
身体の中心に一本のラインを意識しましょう。

■二軸ウォーク

この姿勢から始めます。

ガイヤに縦に乗り、両手は頭の後ろへ。

足を一歩ずつ踏み出します。足と同じ側の肘を正面に向けましょう。

左足と左肘が前へ。

右足と右肘が前へ。

第4章｜ガイヤ｜B立位

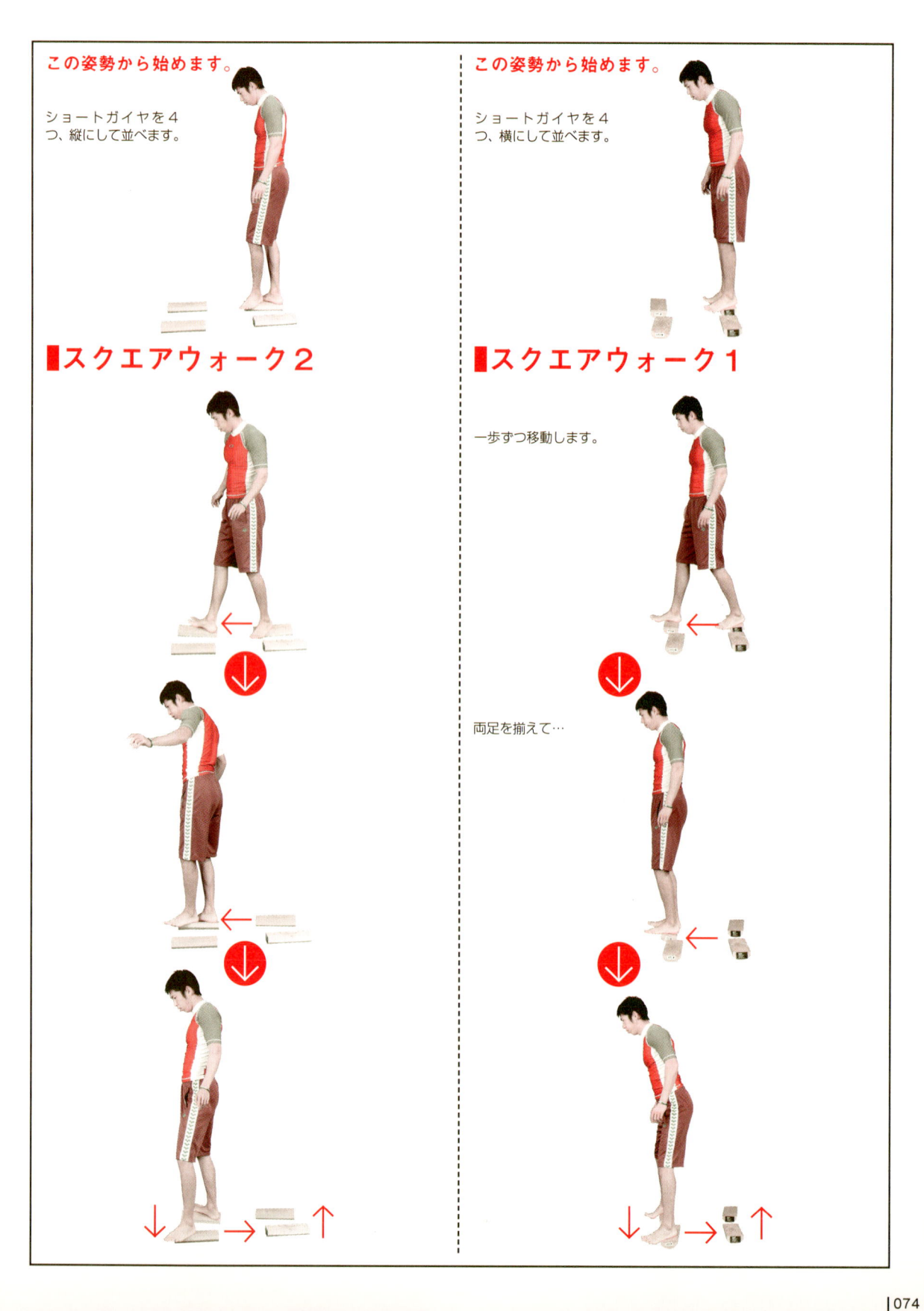

この姿勢から始めます。

ショートガイヤを4つ、縦にして並べます。

■スクエアウォーク2

この姿勢から始めます。

ショートガイヤを4つ、横にして並べます。

■スクエアウォーク1

一歩ずつ移動します。

両足を揃えて…

074

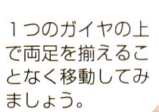

この姿勢から始めます。　　　この姿勢から始めます。

4つのガイヤのうち、2つに片足ずつ乗ります。

ショートガイヤを4つ、このように並べ、1つに乗ります。

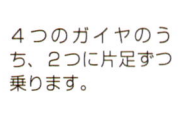

■サークルウォーク2　　　■サークルウォーク1

1つのガイヤの上で両足を揃えることなく移動してみましょう。

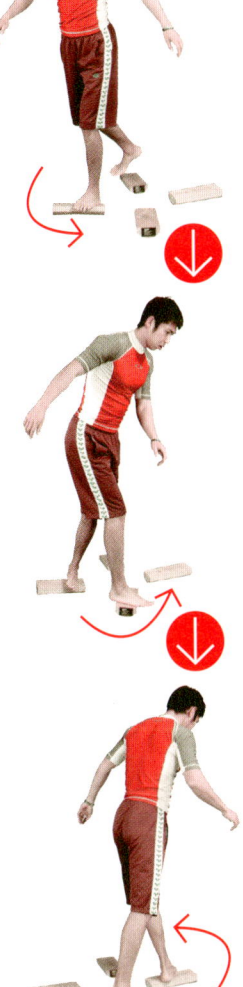

一歩ずつ移動します。ガイヤの上で必ず両足を揃えよう。

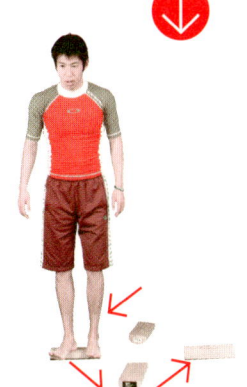

第4章 | ガイヤ | B立位

この姿勢から始めます。

ガイヤにかかとで乗ります。

■ツイスティングスクワット　　■スクワット

スクワットに捻りを加えてみよう。

076

この姿勢から始めます。

足を前後に開いて乗ります。

■ツイスティングスプリットスクワット　　■スプリットスクワット

しゃがむとき、捻りを加え身体を倒そう。

第4章 | ガイヤ | B立位

この姿勢から始めます。

■スプリットスクワット＆片足立ち

スクワット！

スクワット！

起き上がったら…

まず、前足で片足立ちに！

次は、後ろ足で支えて片足立ちに！

一度体勢を整え…

078

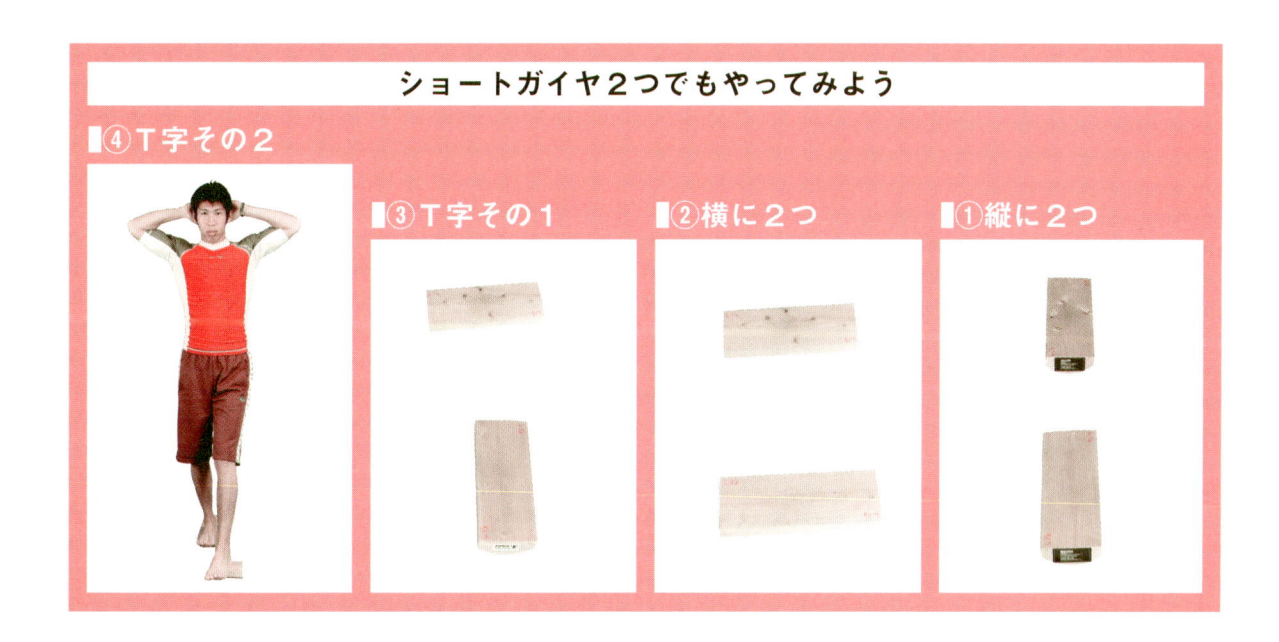

ショートガイヤ2つでもやってみよう

④T字その2　　**③T字その1**　　**②横に2つ**　　**①縦に2つ**

第4章 | ガイヤ | B 立位

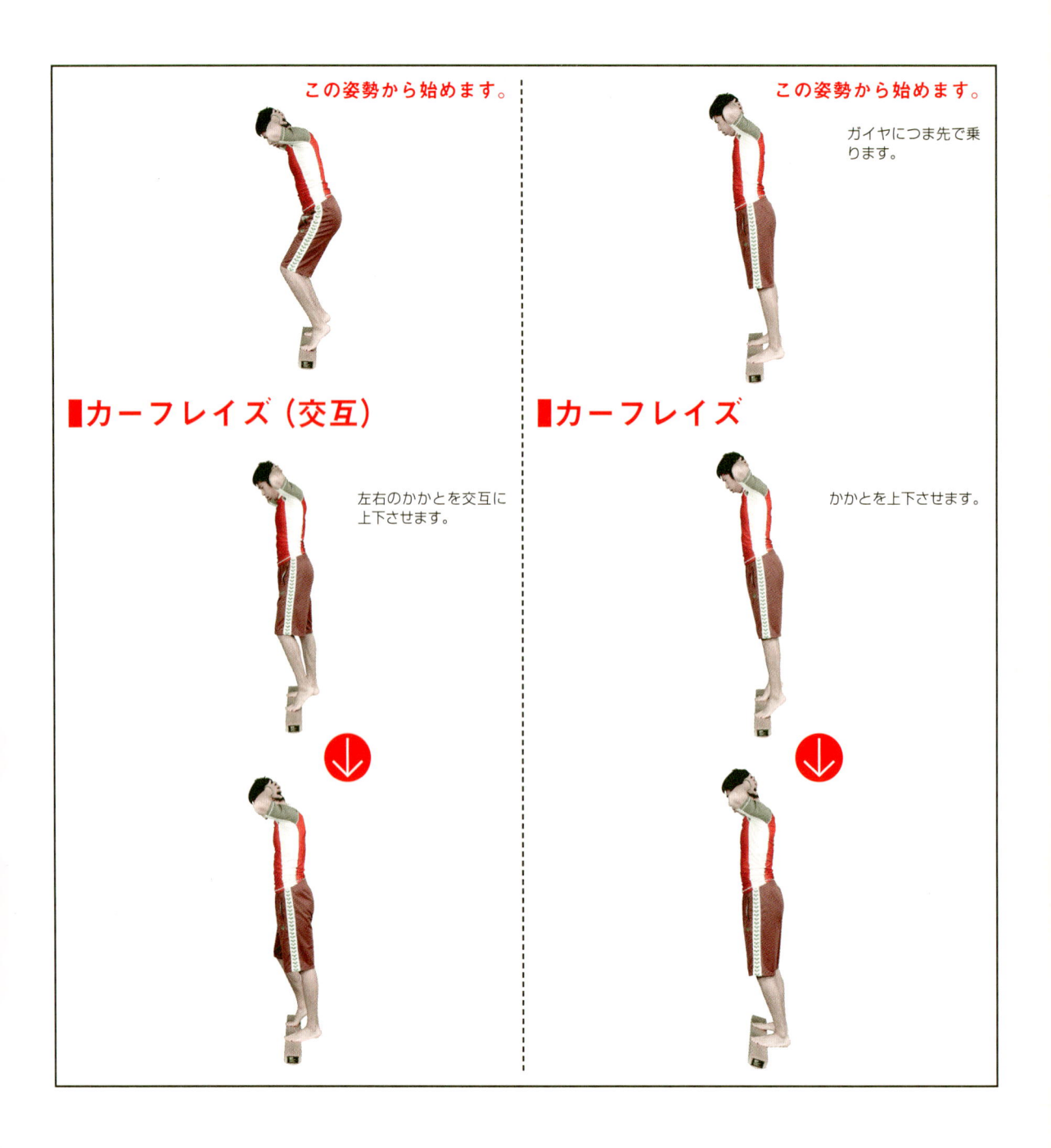

この姿勢から始めます。

この姿勢から始めます。

ガイヤにつま先で乗ります。

■カーフレイズ（交互）

■カーフレイズ

左右のかかとを交互に上下させます。

かかとを上下させます。

080

この姿勢から始めます。

ショートガイヤ2つで
やってみましょう！

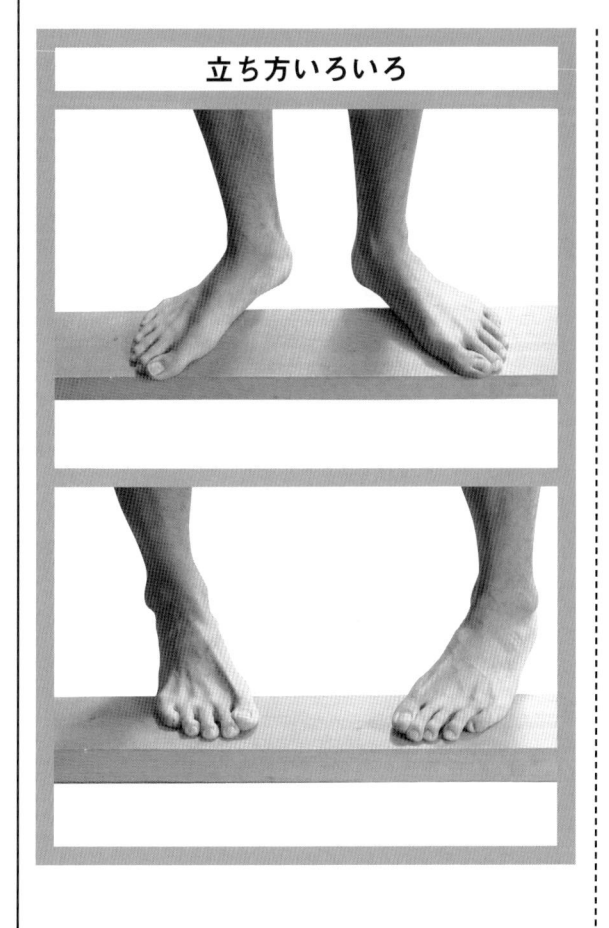

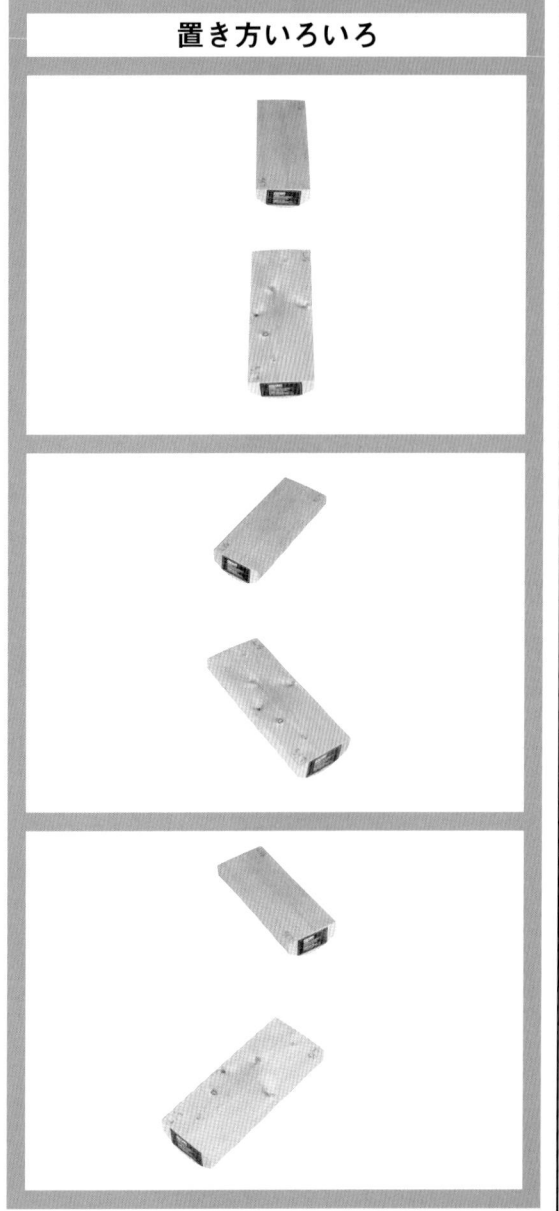

立ち方いろいろ

置き方いろいろ

第4章 | ガイヤ | C 側臥位

この姿勢から始めます。

ガイヤを置き片手をつきます。両足は揃えて身体を浮かせておきましょう。

■ツイスト

片手を頭の後ろに。身体を捻ります。

↓

■側屈

腰が床につくくらい曲げ…

↓

戻します。

■フロントキック

次は正面へ蹴り、戻します。

後ろ側へも蹴りましょう。
身体を支えながら！

■サイドキック

上側の足を真横へ挙げます。

わき腹を上手に使いますよ！

第4章 | ガイヤ | C 側臥位

この姿勢から始めます。

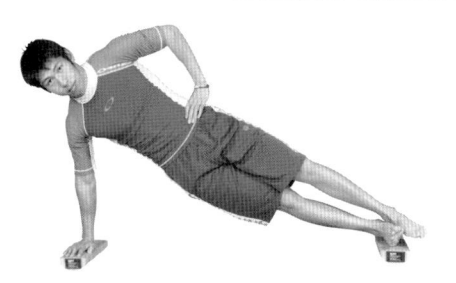

ショートガイヤ2つでやってみます。

■ツイスト

身体を捻ります。

⬇

■側屈

腰を曲げ、戻します。

⬇

T字型に置いてみよう

バランスの取り方が変わって難易度が変化します。

バランス'木,Sコラム │ バランス'木,Sが無い！

バランス'木､Ｓ(キッズ)が無い！

百貨店でバランス'木､Ｓと初めて出会ってしばらく後、私は四国のど真ん中、正確に言うと高知県土佐郡土佐町にいました。

ジムでバランス'木､Ｓをいろいろな競技の選手に試してもらっているうちに、多くの選手が良い結果を出してくれるようになりました。
また、それを見て、普通の人たちが興味をもってくれたのです。ただし、大きなウェーブは難しく、少し小さめのウェーブを買いました。Ｓ、Ｍ、Ｌにショート、ロングとサイズがいろいろあるのは、元々これがきっかけでした。

しかし、問題がありました。ウェーブそのものが無いのです。欲しい人はジムで長さを測り、自分で作ってもらうしかありませんでした。そのままあっという間に５年が経ってしまいました。

思い切って、私が記事を執筆している雑誌社の社長に相談してみると、私の構想に深い理解をしてくださり、作ってくれるところを探してくれると言うのです。「これはヤッタネ」と思いましたが、なかなか大変だったらしく、一カ所だけ引き受けてくれるところが見つかったそうです。それが私の訪れた、間伐材研究会代表・和田修一さんだったのです。

和田さんの間伐材をいくつか送ってもらったのですが、香りも手触りも、木の割れ方さえも素晴らしいものでした。まだウェーブしか種類がなかった当時、直接お会いして、スロープやガイヤも頼みたいと熱望し、四国へ向かったのです。

和田さんのお話では、間伐材を無駄なく利用したいので、大きさが少し異なるとのことでした。この点は迷うことなく「かまいません」とお返事しました。
いいものを作りたい人がいて、いいものを作ってほしいという気持ちがある。このことを大事にしたいのです。

バランス'木､Ｓウェーブとは、波のようにこの器具が広がって、みんなに身体の動きが調和する喜びを知ってもらいたいと思い、付けた名前です。
スロープは、長い階段でも一歩ずつ確実に焦らず昇ってもらえれば、必ず良いことがあるようにと名付けました。
ガイヤは「ガイヤの夜明け」に出てくる人たちみたいに努力してゆけるよう、自分への戒めとして名付けました。

これからも、いろいろなバランス'木､Ｓを試行していきたいと思っています。

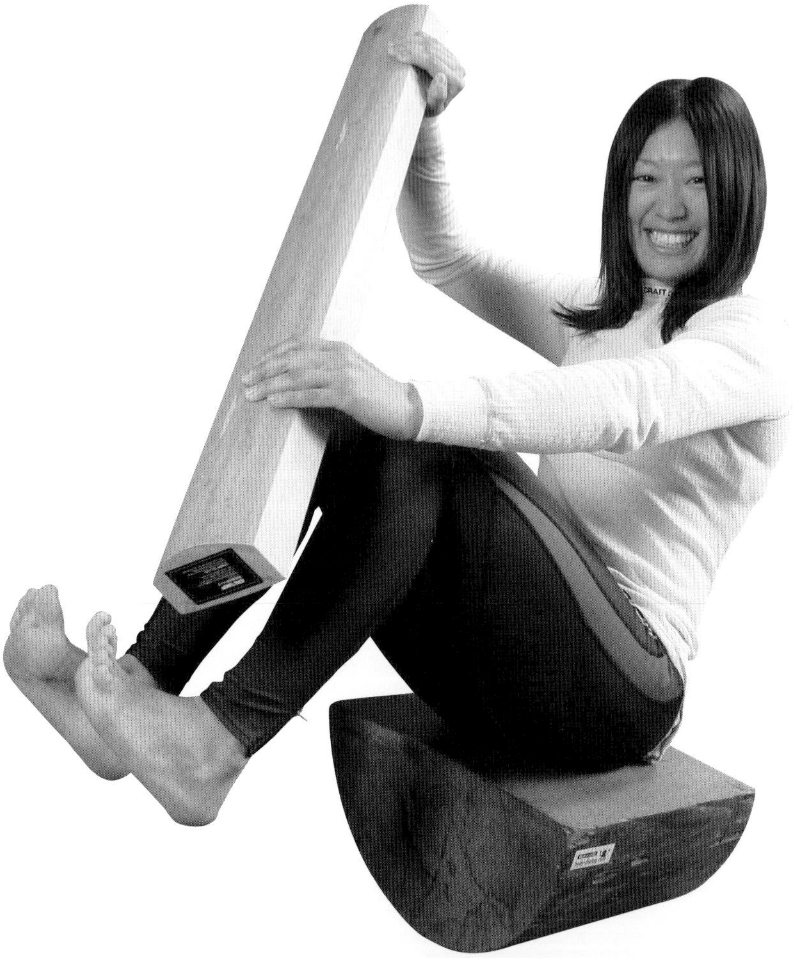

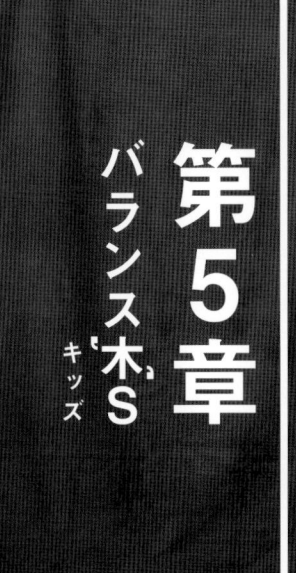

第5章 ダブル木Sトレーニング

バランス木S キッズ

1つだけでもいろいろな使い方があり、奥が深いバランス木S キッズ。ここでは、バランス木S キッズを2つにして種目の幅を広げます。

第5章 | ダブル木ッズS | ログ+ログトレーニング

アレンジいろいろ

両手、片足でやってみよう。

片手、両足でやってみよう。

片手、片足でやってみよう。

この姿勢から始めます。

両手、両足をログに乗せ、身体は浮かせています。肘は曲げておきます。

■ トライセップスプレス

肘を曲げ伸ばしします。

↓

アレンジいろいろ

両手、片足でやってみよう。

片手、両足でやってみよう。

片手、片足でやってみよう。

この姿勢から始めます。

ログを縦に置いてやってみましょう。

■トライセップスプレス

肘を伸ばし…

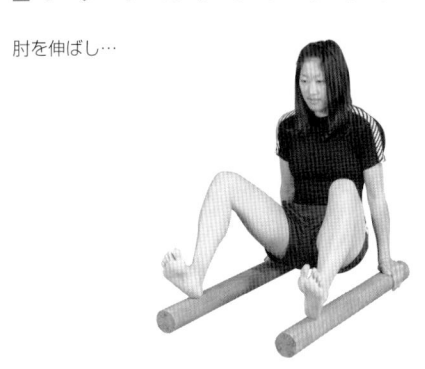

肘を曲げる。バランスだけでなく力も必要。

第5章 | ダブル木ッズ,S | ログ＋ログトレーニング

アレンジいろいろ

両手、片足でやってみよう。

片手、両足でやってみよう。

片手、片足でやってみよう。難易度は高いけれど一度はチャレンジしてみたい！

この姿勢から始めます。

■プッシュアップ

ログが転がらないようにして、腕立て伏せします。

アレンジいろいろ

両手、片足でやってみよう。

片手、両足でやってみよう。

片手、片足でやってみよう。

ログを縦にして腕立て伏せ。 この姿勢から始めます。

■プッシュアップ

第5章 | ダブル木ッS | ログ＋ウェーブトレーニング

アレンジいろいろ

■両手

■変則両手

この姿勢から始めます。

ウェーブに座り両足を浮かせます。ログは床につけたまま上の方を持ちます。

■プッシュオフ１

背中を丸めると同時に、ログを手前に寄せます。

ウェーブの丸みを上手く使おう。

この姿勢から始めます。

ウェーブの上に
膝をつきやって
みよう。

この姿勢から始めます。

まず右手でログ
を持ちます。両
足はログを挟む
ように。

■プッシュオフ3

■プッシュオフ2

背中を丸めログを
引き寄せたときに
持ち替えます。

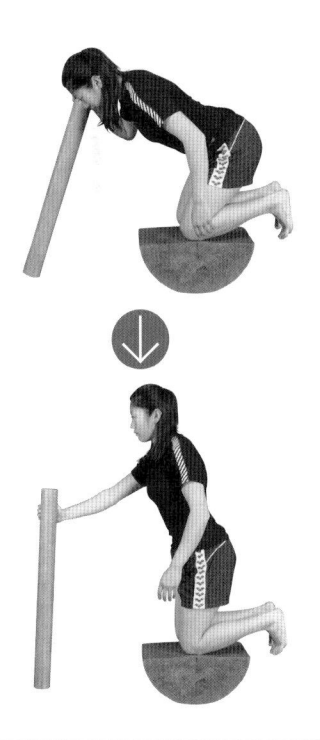

第5章 | ダブル木ッズS | ログ＋ウェーブトレーニング

この姿勢から始めます。

この位置でスクワットします。

■スプリットスクワット

⬇

この姿勢から始めます。

■サイドランジ

右足をログの上に踏み出し、

⬇

体重を落とします。最後はウェーブに戻ります。

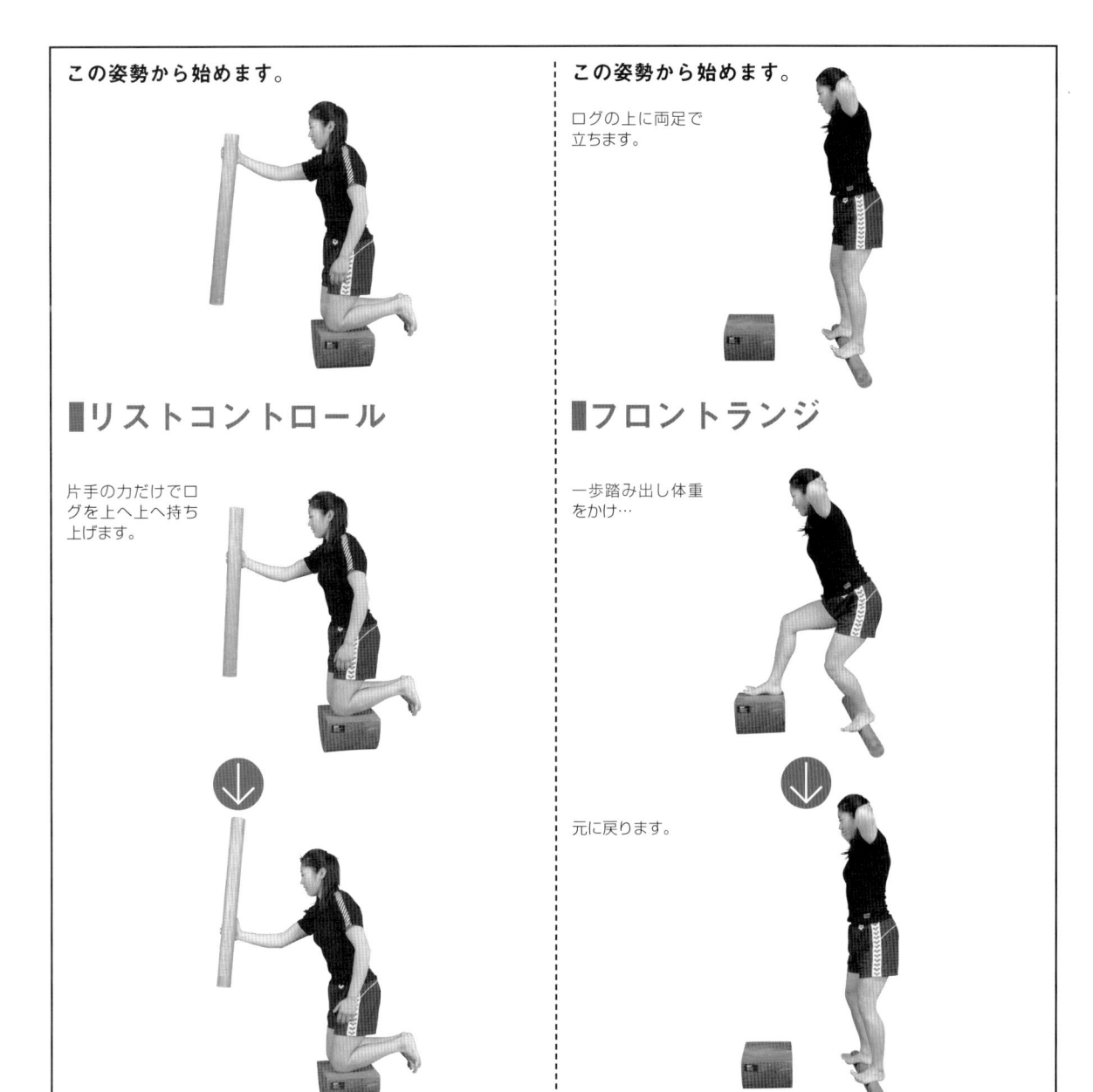

この姿勢から始めます。

この姿勢から始めます。

ログの上に両足で
立ちます。

■リストコントロール

■フロントランジ

片手の力だけでロ
グを上へ上へ持ち
上げます。

一歩踏み出し体重
をかけ…

元に戻ります。

第5章 | ダブル木ッズS | ログ＋ウェーブトレーニング

この姿勢から始めます。

この姿勢から始めます。

■ ハンドサイドムーブメント

■ クランチ

少しずつ手をスライドし…

できるだけ背中を丸めます。

↓

↓

右端まで行きましょう！

そして反らします。

■ ログを縦にしてやってみよう！

■ つま先立ちでも！

098

この姿勢から始めます。　　　ショートログ2本と　　　この姿勢から始めます。
　　　　　　　　　　　　　　ウェーブで行います。
　　　　　　　　　　　　　　肘を曲げたところから。

■トランクツイスト　　　　　　■トライセップスプレス

身体を浮かせたま
ま左右に捻ります。

⬇　　　　　　　　　　　　　　⬇

第5章 | ダブル木ッズS | ログ＋スロープトレーニング

アレンジいろいろ

■ぐるっと回そう

■ヨコ

■2本タテ

■2本ヨコ

■タテヨコ

この姿勢から始めます。

■リストコントロール

少しずつログの下へと持つ位置をスライドします。

バランスを崩さずに！

この姿勢から始めます。

■骨盤のツイスト

肘は伸ばしたままです。骨盤を意識して身体を捻りましょう。

↓

■骨盤の上下

肘を伸ばしたまま、骨盤を持ち上げ…

↓

降ろします。

第5章 ダブル木ッズS ログ＋スロープトレーニング

この姿勢から始めます。　　　　　　　　この姿勢から始めます。

■スプリットスクワット　　　　　　　■スクワット

↓　　　　　　　　　　　　　　　↓

■この位置からスタートすれば、フロントランジができます。

この姿勢から始めます。　　　　　　　　　　　この姿勢から始めます。

■クランチ　　　　　　　　　　■サイドスクワット

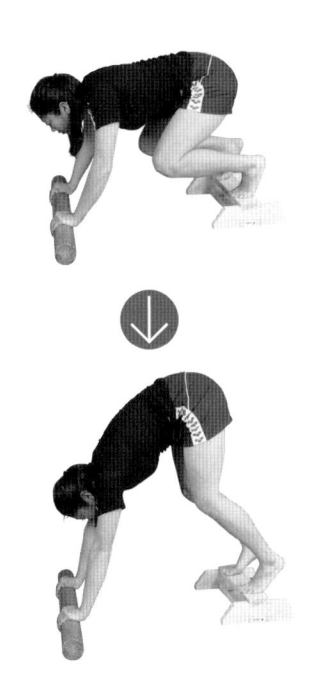

スタートの姿勢から左
または右に体重をかけ、
スクワットします。

■この位置からスタートすれば、サイドランジに。

第5章 ダブル木ッズS ログ＋スロープトレーニング

この姿勢から始めます。

この姿勢から始めます。

■トライセップスプレス

■ハンドサイドムーブメント

肘を伸ばし、

曲げます。身体は床から離したままです。

■ログを縦にしてもやってみよう！

■トランクツイスト

第5章 ダブル木ッズ S ログ＋ガイヤトレーニング

アレンジいろいろ

■サイド

真横へ蹴ります。

■片手

後方へ蹴ったら、肘と膝をくっつけるようにして引きつけます。

この姿勢から始めます。

ログに両手、ガイヤに片足を乗せ、片足はおなかの方へひきつけています。

■バックキック

後方に蹴り上げましょう。

↓

106

この姿勢から始めます。

この姿勢から始めます。

両足がログの上、背中はガイヤの上に乗せ床に手をつきます。

■ウォーク

一歩ずつ前へ進みます。

■ヒップリフト

片足を挙げましょう。おしりは浮いたままです。

ログとガイヤの幅が狭くなったり広くなったりしないように。

■2本を横に置いてもOK！

第5章 | ダブル木ｷｯｽﾞS | ウェーブ＋ウェーブトレーニング

この姿勢から始めます。

ウェーブ2つでトライセップスプレス！

この姿勢から始めます。

■キャットアーチ

■トライセップスプレス

背中をできるだけ丸め…

肘を伸ばし…

↓

↓

反らします。

曲げます。

腕立て伏せです。　　　　**この姿勢から始めます。**

■プッシュアップ

第5章 | ダブル木ｓS | ウェーブ＋スロープトレーニング

かかとをスロープに乗せたところから。

この姿勢から始めます。

スロープの傾斜が難しさを変えます。

この姿勢から始めます。

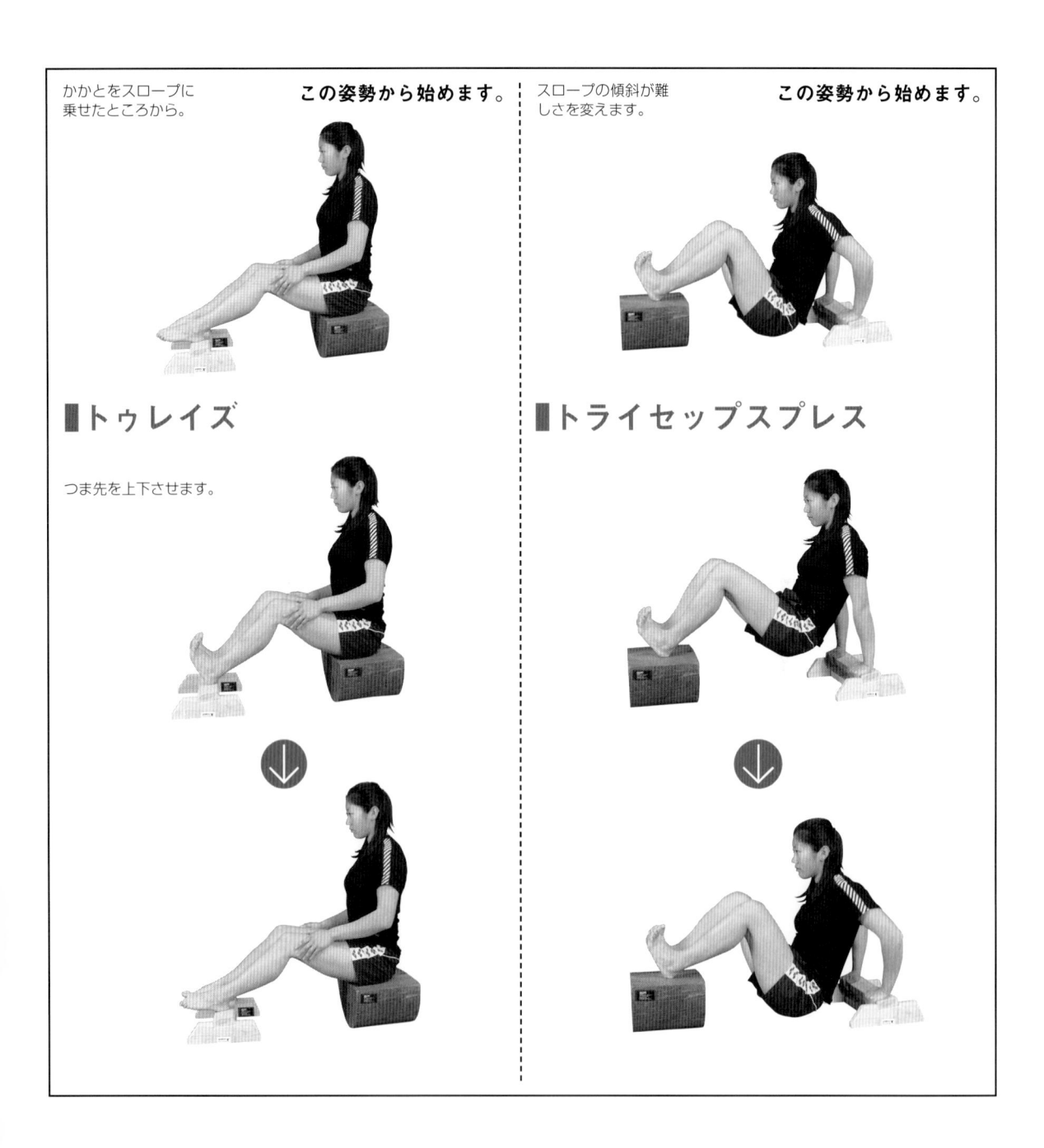

■トゥレイズ

つま先を上下させます。

■トライセップスプレス

第5章 | ダブル木(キッズ)S | ウェーブ＋ガイヤトレーニング

縦に並べて片足ずつ乗り、スクワットしよう！

この姿勢から始めます。

高さの異なるウェーブとガイヤに片足ずつ乗ります。

この姿勢から始めます。

■スプリットスクワット

■スクワット

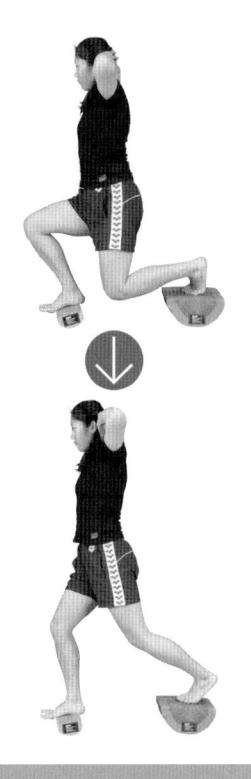

■この位置からスタートすれば、フロントランジに。

第5章 | ダブル木ッズS | ウェーブ＋ガイヤトレーニング

この姿勢から始めます。

この姿勢から始めます。

■クランチ

■サイドスクワット

ガイヤのゆるやかなカーブを上手に使おう。背中を丸め…

膝を曲げたとき、左または右に体重をかけます。

↓

↓

反らします。

■つま先立ちでもやってみよう！

■この位置からスタートして、サイドランジに。

この姿勢から始めます。　　　　　　　この姿勢から始めます。

■トライセップスプレス　　■ハンドサイドウォーク

肘を伸ばし…

曲げて元に戻ります。　　　　　　　右端まで行きます。

■ガイヤを縦に置くバージョンもあります。

第5章 | ダブル木ッズS | ウェーブ＋ガイヤトレーニング

■ トランクツイスト

肘は伸びたままです。

第5章 | ダブル木,S（キッズ） | スロープ＋スロープトレーニング

この姿勢から始めます。

この姿勢から始めます。

このように2つのスロープに乗り、腕立て伏せ。片足で支えています。

■ハンドウォーク

■プッシュアップ

↓

↓

足の位置は変えず手を少しずつ左右交互に前へ移動させます。

■スロープをT字型に置くバージョンも！

■スロープをT字型に置くバージョンも！

第5章 | ダブル木ッズS | スロープ＋ガイヤトレーニング

この姿勢から始めます。

■スプリットスクワット

↓

■この位置からスタートし、フロントランジもできます。

第6章

バランス木,S
キッズ

プラスワン

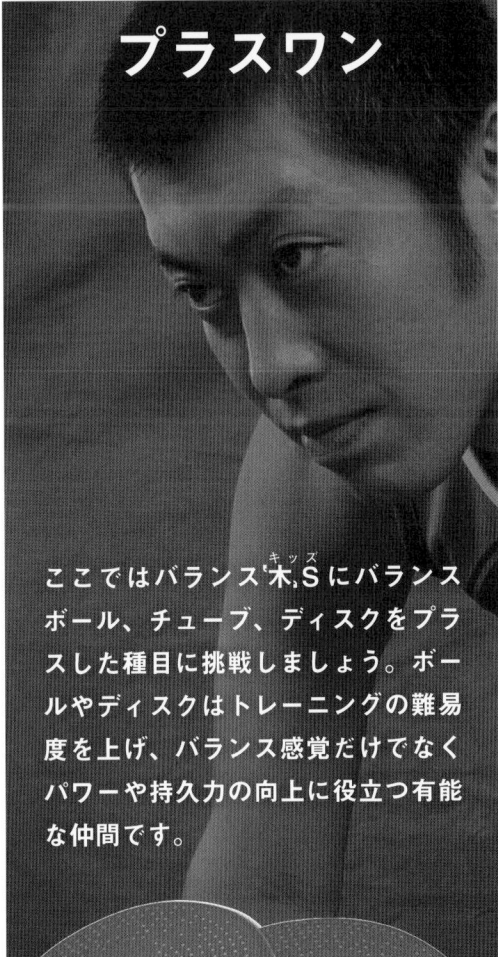

ここではバランス木,Sにバランスボール、チューブ、ディスクをプラスした種目に挑戦しましょう。ボールやディスクはトレーニングの難易度を上げ、バランス感覚だけでなくパワーや持久力の向上に役立つ有能な仲間です。

バランスディスク

バランスボール

サポートチューブ

第6章 ｜ プラスワン ｜ ログ＋ボールトレーニング

この姿勢から始めます。

ショートログを2本、今度は縦にして足元に並べます。

■サイドツイスト

身体を左右に倒します。

⬇

この姿勢から始めます。

ショートログを2本使い、横にして足元に並べます。

■クランチ

ボールやログから落ちないように背中を丸め、次に反ります。

⬇

■片足でもやってみよう！

118

この姿勢から始めます。　　　　　　　この姿勢から始めます。

■ロシアンツイスト

■スタビライウォーク

両足は床から離して挑戦！

手を組んだまま、身体を左右に捻ります。

片手ずつ、少しずつ右方向へスライドします。

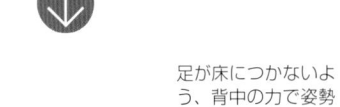

↓　　　　　　　　　　↓

足が床につかないよう、背中の力で姿勢を保ちましょう。

第6章 ｜ プラスワン ｜ ウェーブ＋ボールトレーニング

ボールに座り、ウェーブにはかかとを乗せています。

この姿勢から始めます。

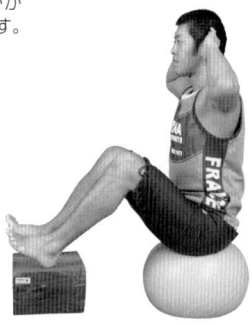

■サイドベント

身体を左右に倒します。

■クランチ

背中を丸め、次に戻ります。

この姿勢から始めます。 　　　　　　　　　　　　　　この姿勢から始めます。

■プルオーバー　　　　　　　　　　　　■レッグスプリット

組んだ手を前後に
振ります。

足を開いたり閉じ
たりしましょう。

おなかの力で身体
を支えて！

第6章 ｜ プラスワン ｜ スロープ＋ボールトレーニング

次はつま先を乗せます。

この姿勢から始めます。

スロープにかかとを乗せています。

この姿勢から始めます。

■カーフレイズ＆バウンディング

■ロボットロッキング

バウンドしながら、かかとを上下させます。

⬇

⬇

■片足でもやってみよう！

この姿勢から始めます。　　　　　　　　この姿勢から始めます。

■シットアップ　　　　　　　　　■プッシュアップ

⬇　　　　　　　　　　　　　　⬇

第6章｜プラスワン｜ガイヤ＋ボールトレーニング

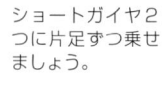

ショートガイヤ2つに片足ずつ乗せましょう。

この姿勢から始めます。

ボールに座り、かかとをガイヤに置きます。

この姿勢から始めます。

■ バウンディング

足の位置は変えずにバウンド！

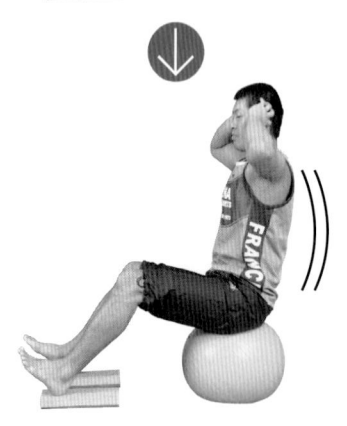

■ ロボットロッキング

身体を丸めて戻ります。

■ 片足でもやってみよう！

■ 片足でもやってみよう！

この姿勢から始めます。　　　　　　　　　　　　　　　　この姿勢から始めます。

仰向けにボールに
乗り、両手は顔の
わきへ。

■チェストモーション　　　　　　　　　　　　　　　■クランチ

両手を真上へ伸ばし
ます。

うつぶせで背中を
丸め、次に反らし
ます。

⬇　　　　　　　　　　　　　　　　　　　　　　　　⬇

胸を張るようにして
元のポジションへ。

第6章 | プラスワン | ログ＋チューブトレーニング

チューブを輪状にし、両足にかけます。両手は床へ。

この姿勢から始めます。

チューブで負荷をかけながらスクワットします。

この姿勢から始めます。

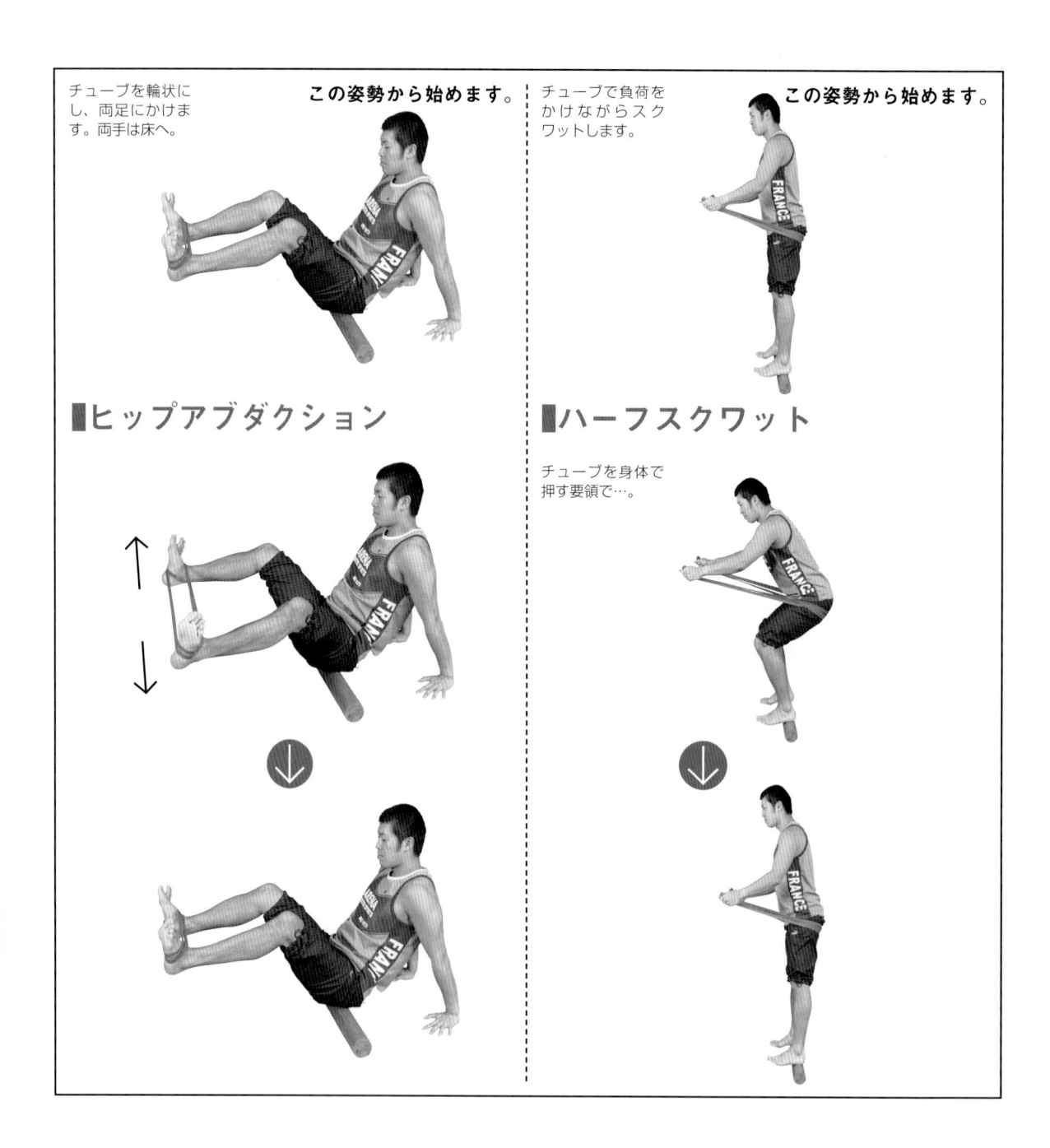

■ヒップアブダクション

■ハーフスクワット

チューブを身体で押す要領で…。

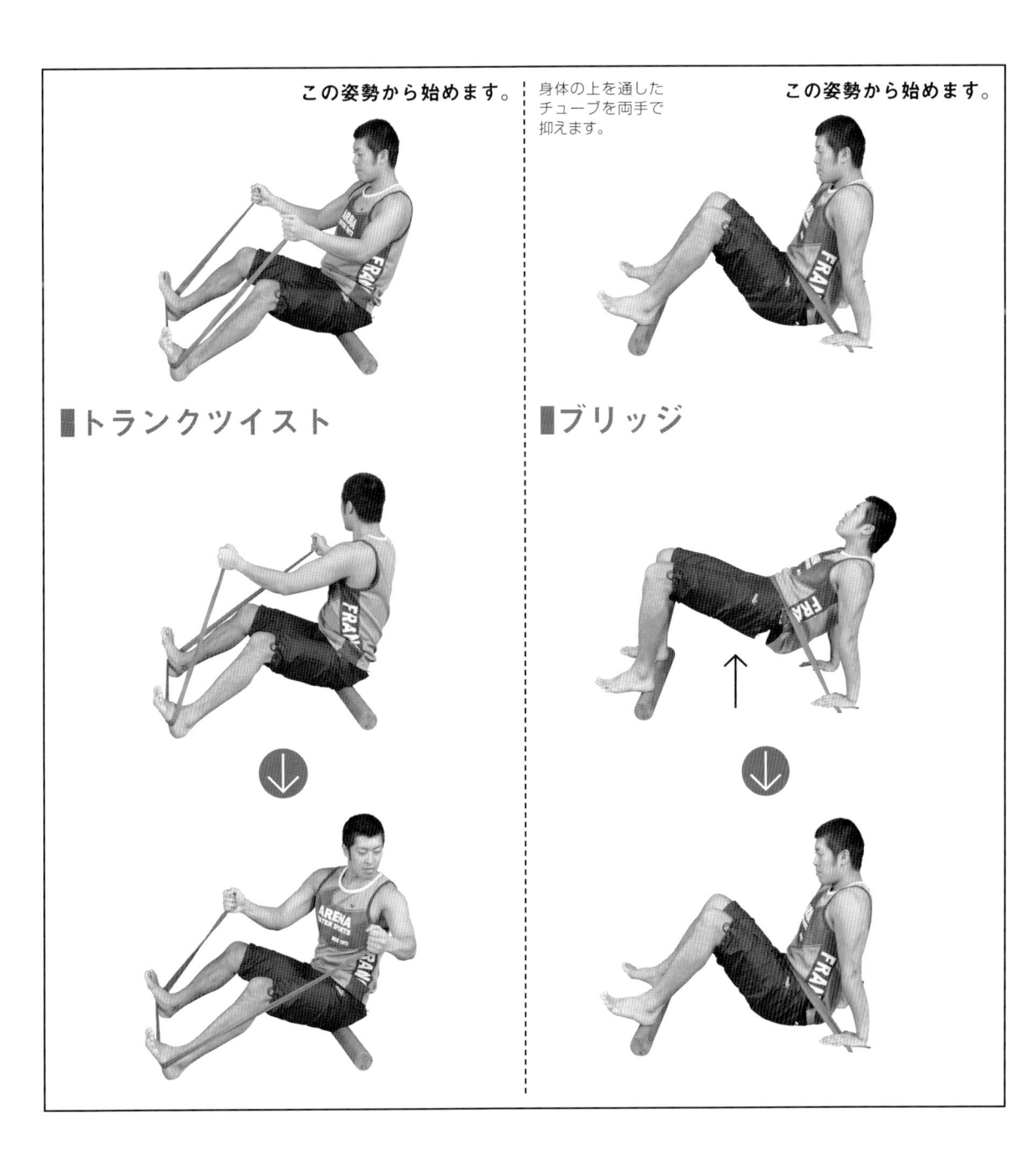

この姿勢から始めます。　　身体の上を通した　　　この姿勢から始めます。
　　　　　　　　　　　　チューブを両手で
　　　　　　　　　　　　抑えます。

■トランクツイスト　　　　　　　　■ブリッジ

第6章 ｜ プラスワン ｜ ウェーブ＋チューブトレーニング

ウェーブに片足で立ち、もう片方の足にチューブをかけます。

この姿勢から始めます。

両手でチューブの端を持ち、その中央を前足で抑えます。

この姿勢から始めます。

■バックキック

両手は前へ、足は後方へ伸ばします。

■ランジ

腕でチューブを引きながら膝を曲げ…

戻ります。

■伏臥位も

ウェーブに座りこのように片足に負荷をかけます。

この姿勢から始めます。

■膝曲げアブダクション

膝でチューブを引っ張ります。

↓

背中を通したチューブを両手で抑え負荷にします。

この姿勢から始めます。

■レジステッドプッシュアップ

腕立て伏せ！

■チューブを両手で持ってフロント&サイド

前へも！　　横へも！

第6章 ｜ プラスワン ｜ スロープ＋チューブトレーニング

片足でスロープに立ち、片方の膝裏にチューブを引っかけます。

この姿勢から始めます。

スロープに座り、片足にチューブを引っかけます。

この姿勢から始めます。

■ヒップローテーション

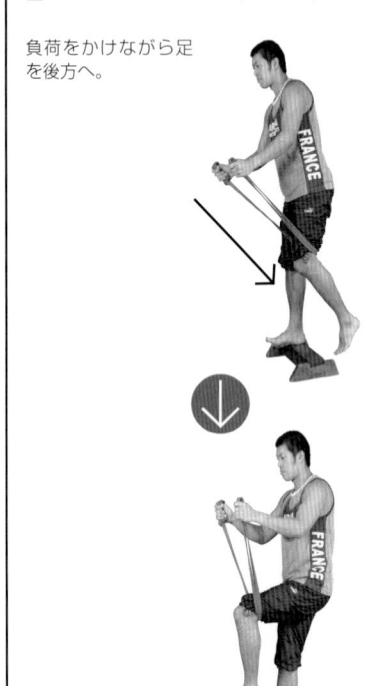

負荷をかけながら足を後方へ。

■レッグプレス

足でチューブを押します。

首から肩にかけた
チューブを両手で抑
えます。

この姿勢から始めます。

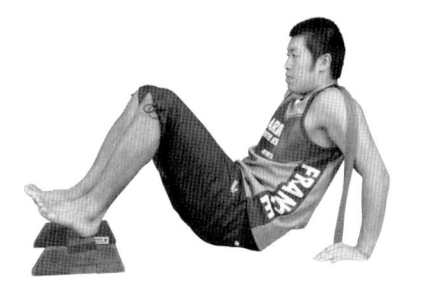

スロープに座り、両足
に短くたたんだチュー
ブを引っかけます。

この姿勢から始めます。

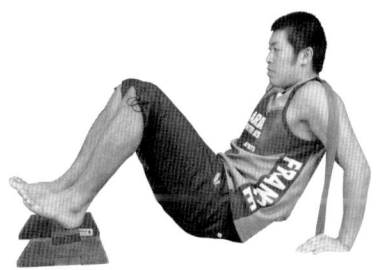

■ディップス

身体を上へ。

戻ります。

■バックエクステンション

背中の力でチューブを
引っ張りましょう！

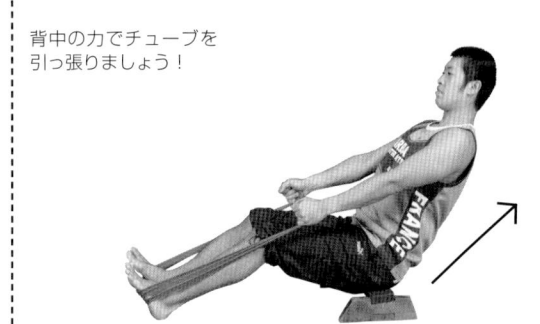

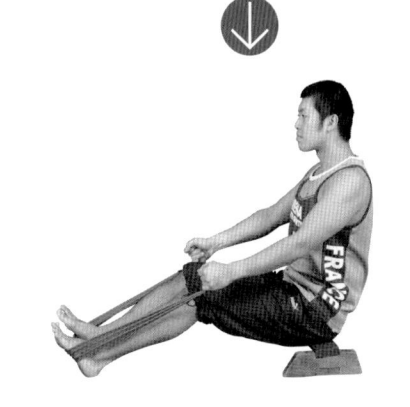

第6章｜プラスワン｜ガイヤ＋チューブトレーニング

この姿勢から始めます。

この姿勢から始めます。

■ヒップリフト

■トランクローテーション

■足裏にかけたらヒップエクステンション

二重にしたチューブ
を短く持ちます。

この姿勢から始めます。

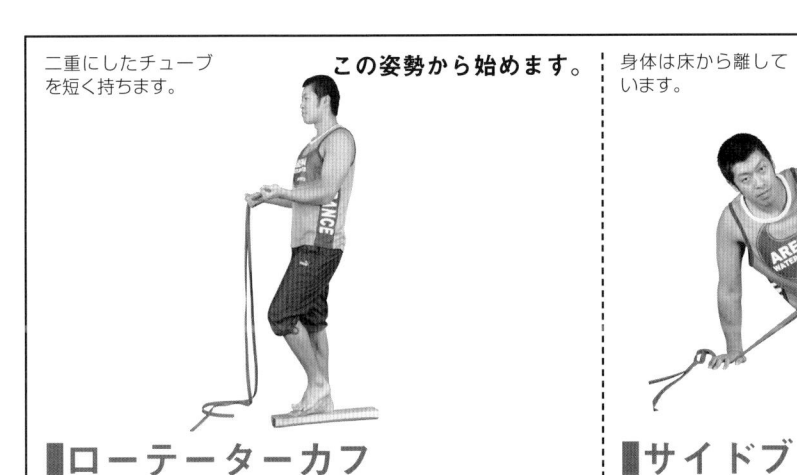

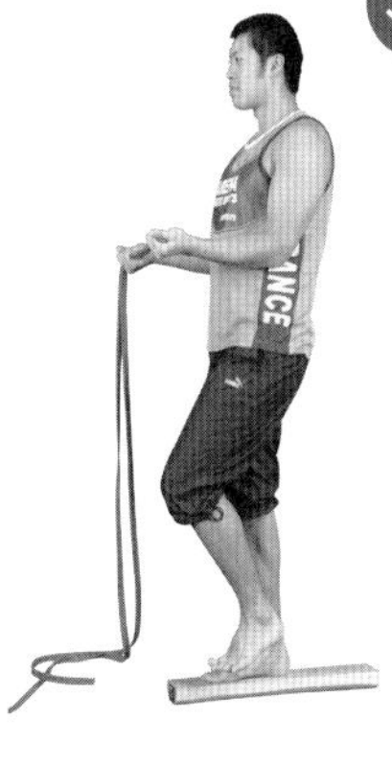

身体は床から離して
います。

この姿勢から始めます。

■ローテーターカフ

■サイドブリッジ

肩を横へ開くように！

手の高さは変えず
チューブを横へ
引っ張ります。

チューブを真上に
伸ばしながら身体
を上へ！

■フロント＆サイド

前へも！

横へも！

第6章｜プラスワン｜ログ＋ディスクトレーニング

この姿勢から始めます。

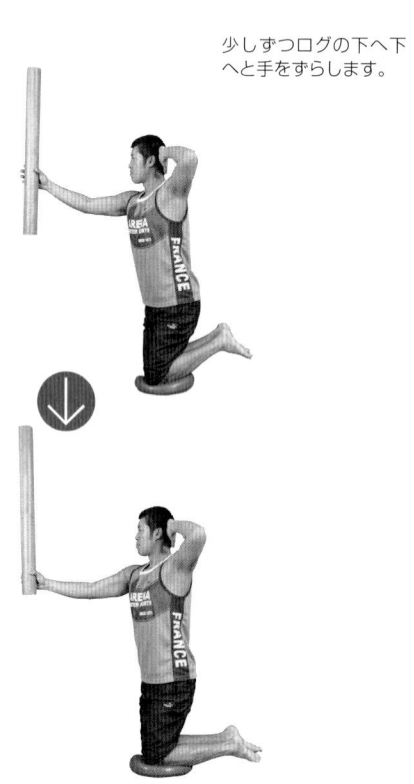

ログに両手、ディスクには片膝をつきます。

この姿勢から始めます。

■リストコントロール

■ヒッププロテクション

少しずつログの下へ下へと手をずらします。

床から離した方の膝を上下します。

■ショートログ2本を立ててクランチも

ログを両足で抱えます。　**この姿勢から始めます。**　　　　　　　　　　　　　**この姿勢から始めます。**

■レッグリフト

足の力だけでログを近づけたり離したりします。

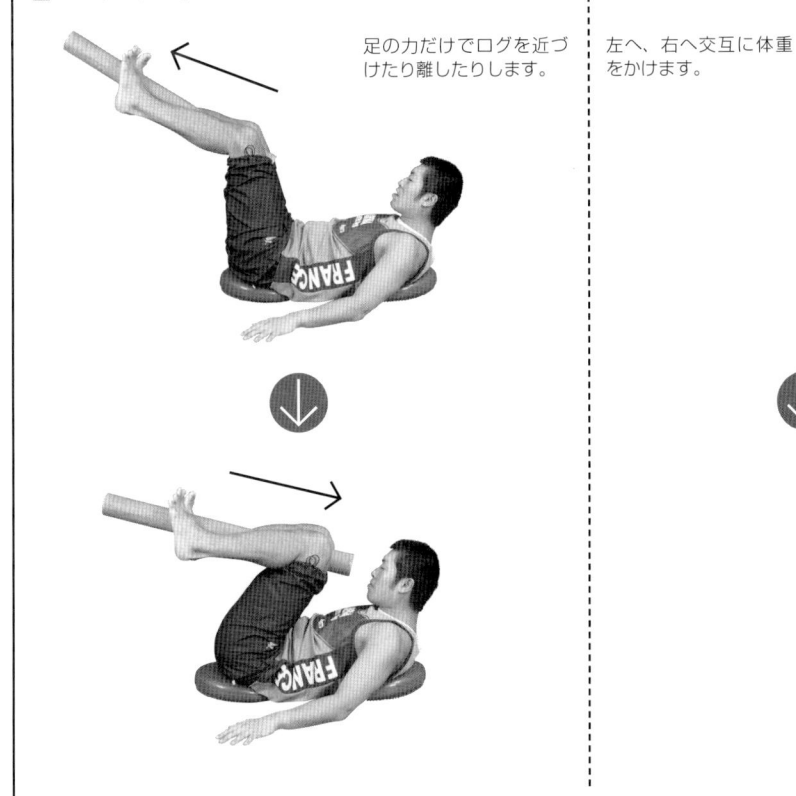

■サイドスクワット

左へ、右へ交互に体重をかけます。

第6章｜プラスワン｜ウェーブ＋ディスクトレーニング

この姿勢から始めます。　　　　　　　　　この姿勢から始めます。

■ドンキーカーフレイズ　　　　　■プッシュアップ

かかとを上下させます。
膝も上手く使いましょう。

この姿勢から始めます。　　　　　　この姿勢から始めます。

■ヒップエクステンション　　■スクワット

第6章 ｜ プラスワン ｜ スロープ＋ディスクトレーニング

この姿勢から始めます。　　　　　　　　　　　　　　　この姿勢から始めます。

■レッグローテーション　　　　　　　　　　　　　　■ディップス

肘を伸ばして身体を持ち上げ、

両足を揃えたまま円を描くようにぐるっと回します。

↓　　　　　　　　　　　　　　　　　　　　　　　　↓

肘を曲げて戻ります。

この姿勢から始めます。　　　　　　　　　この姿勢から始めます。

■ミッドスカプラプレス　　　　　　　■ヒップエクステンション＆ニーリフト

身体を上へ。床から離します。

まずは、おなかを見るようにして身体を丸めます。

胸を張って元の姿勢に戻ります。

第6章 | プラスワン | ガイヤ+ディスクトレーニング

この姿勢から始めます。

ショートガイヤ2本を使い、腕立て伏せ。

■プッシュアップ

肘と膝をできるだけ近づけ、また伸ばします。

この姿勢から始めます。

片手、片足を伸ばしたところから…

■ヒップリフト

この姿勢から始めます。　　この姿勢から始めます。

■ワイドスタンススクワット　　■バランスコントロール

両手を下から横、そして真上へ。

バランス木ッズ,Sコラム | ２つの果実

2つの果実

バランス゛木〟Ｓの「木」の字には、２つの果実「゛」「〟」が付いています。

「゛」は実って落ちる果実であり、「〟」は成って熟していく果実を表現しています。

２つの果実は人間という木にとっての「試み」と、「結果」であります。

一見、自分にとって失敗したと思われる試みも、大きな時間の中で素晴らしい結果として実を付けてゆくのです。

また、新たな試みをするという小さな努力を怠ってしまうと、次に望ましい結果としての実は付けてゆくことはできないのです。

失敗と成功は常に変転してゆく、自分の中で絶えず研鑽してゆく２つの果実なのです。この２つの果実のバランスがとれてゆくとき、木は充実した一生を送ることができます。

また、この木から生まれた果実の種が多くの喜びを他の人々にも与えてゆくことを、私は信じたいと思います。

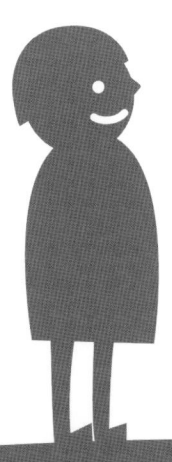

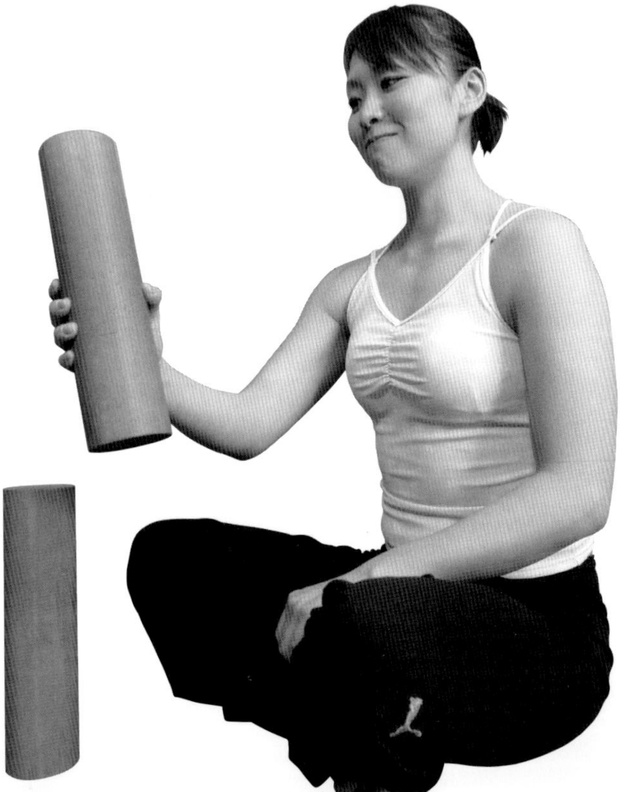

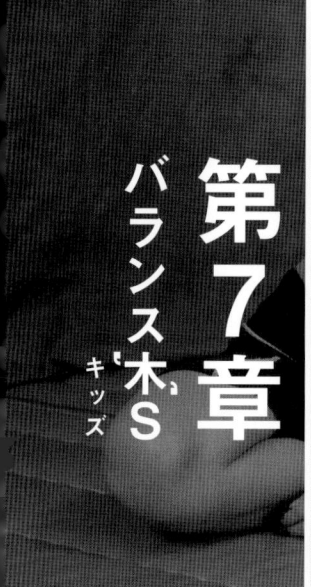

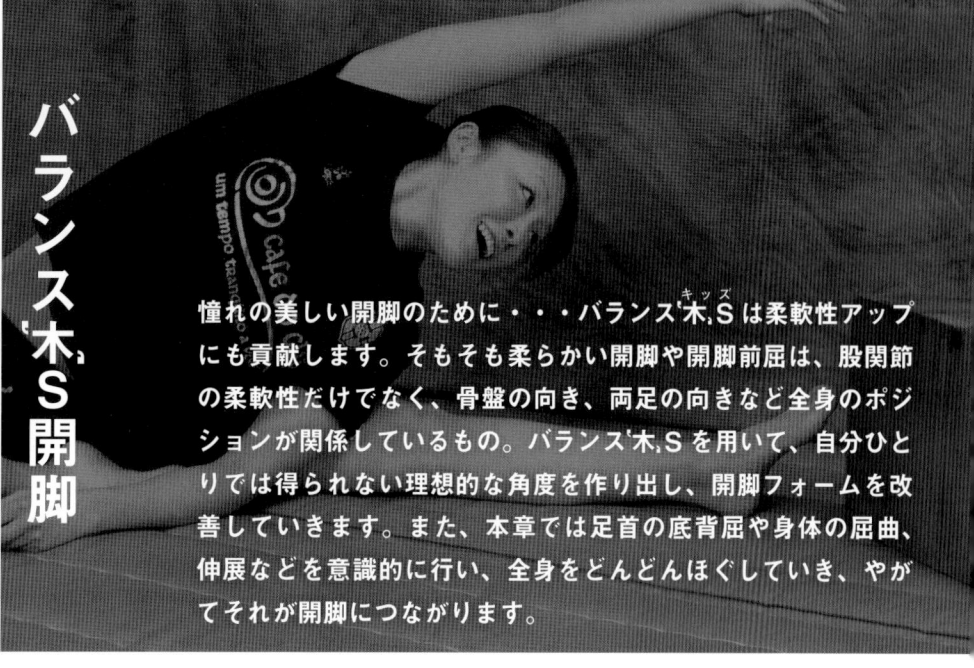

第7章 バランス木'S開脚

バランス木'S
キッズ

バランス木'S開脚

憧れの美しい開脚のために・・・バランス木'S(キッズ)は柔軟性アップにも貢献します。そもそも柔らかい開脚や開脚前屈は、股関節の柔軟性だけでなく、骨盤の向き、両足の向きなど全身のポジションが関係しているもの。バランス木'Sを用いて、自分ひとりでは得られない理想的な角度を作り出し、開脚フォームを改善していきます。また、本章では足首の底背屈や身体の屈曲、伸展などを意識的に行い、全身をどんどんほぐしていき、やがてそれが開脚につながります。

第7章 | バランス「木」S開脚 | ログ
キッズ

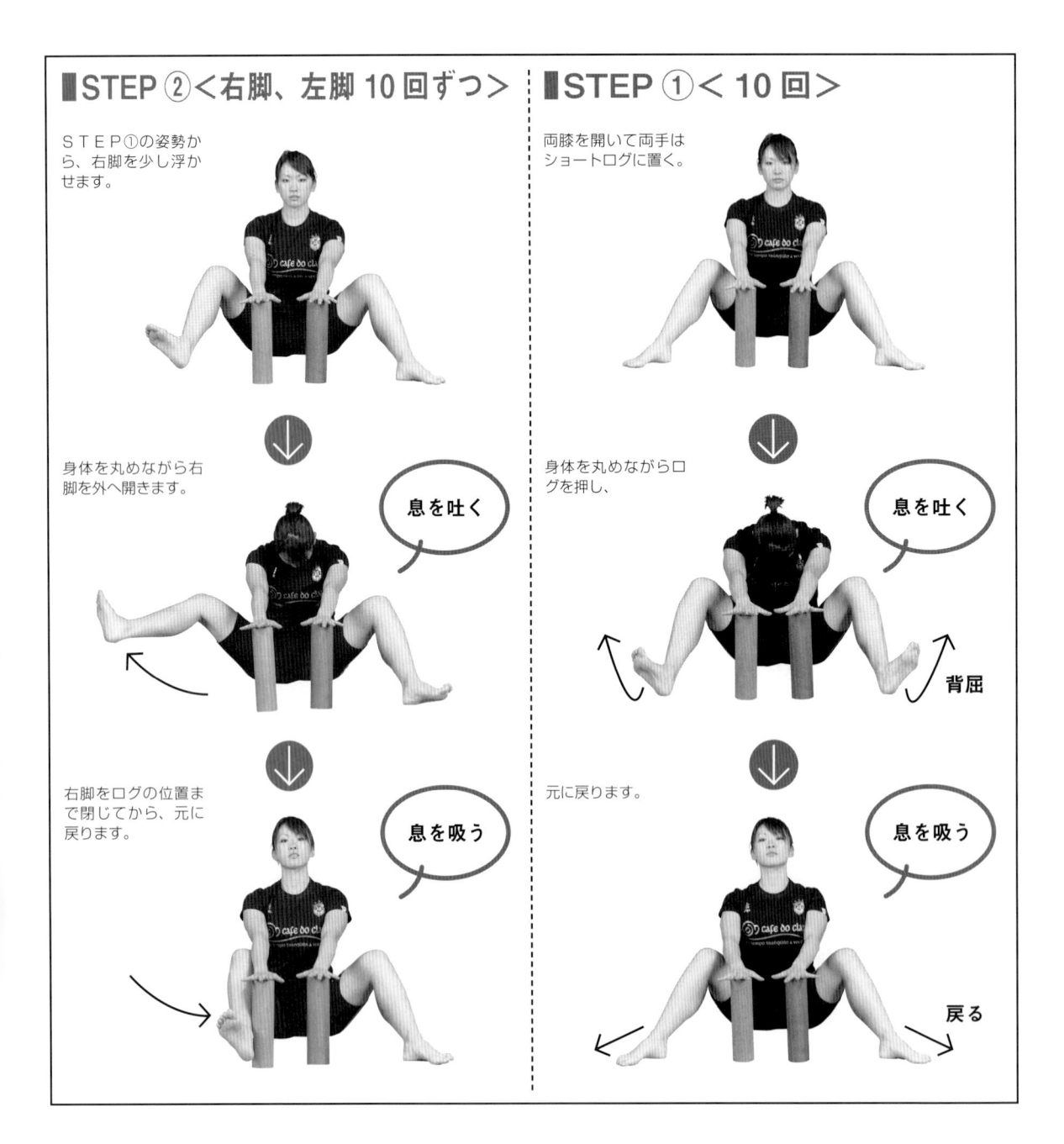

▌STEP ②＜右脚、左脚10回ずつ＞

STEP①の姿勢から、右脚を少し浮かせます。

⬇

身体を丸めながら右脚を外へ開きます。

息を吐く

⬇

右脚をログの位置まで閉じてから、元に戻ります。

息を吸う

▌STEP ①＜10回＞

両膝を開いて両手はショートログに置く。

⬇

身体を丸めながらログを押し、

息を吐く

背屈

⬇

元に戻ります。

息を吸う

戻る

■STEP ③ <右脚、左脚 10回ずつ>

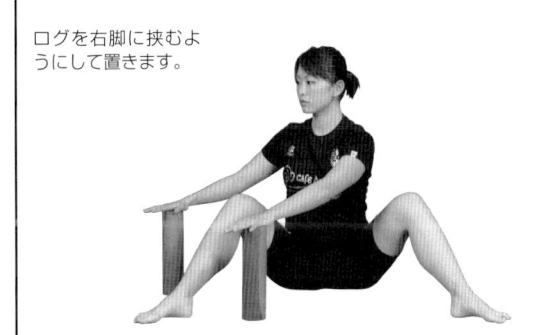

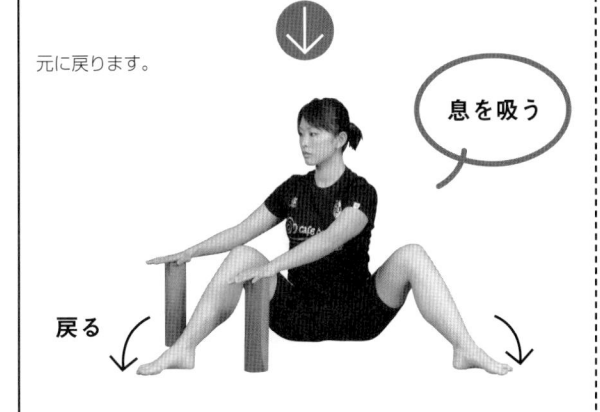

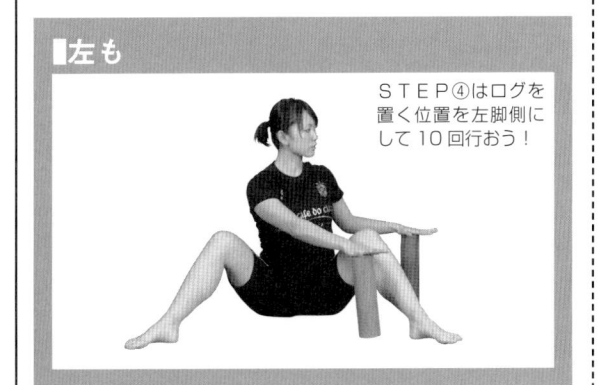

ＳＴＥＰ①の姿勢から…

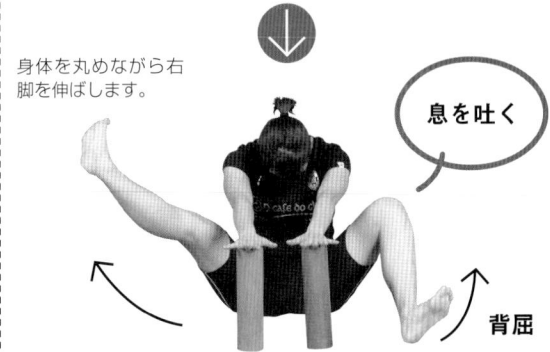

⬇

身体を丸めながら右脚を伸ばします。

息を吐く

背屈

⬇

元に戻ります。

息を吸う

戻る

■STEP ④ <右、左 10回ずつ>

ログを右脚に挟むようにして置きます。

⬇

背中を丸めながらログを押します。

息を吐く

背屈

⬇

元に戻ります。

息を吸う

戻る

■左も

ＳＴＥＰ④はログを置く位置を左脚側にして10回行おう！

第7章 | バランス'木'S開脚(キッズ) | ログ

■STEP ⑥ 膝を外へ内へ

ＳＴＥＰ⑤の姿勢から

息を吸う

右を向きながら膝を内へ倒し、

背屈

息を吐く

左を向きながら膝を外へ開きます。

■STEP ⑤ 上半身をツイスト

右脚を挟むようにログを置きます。

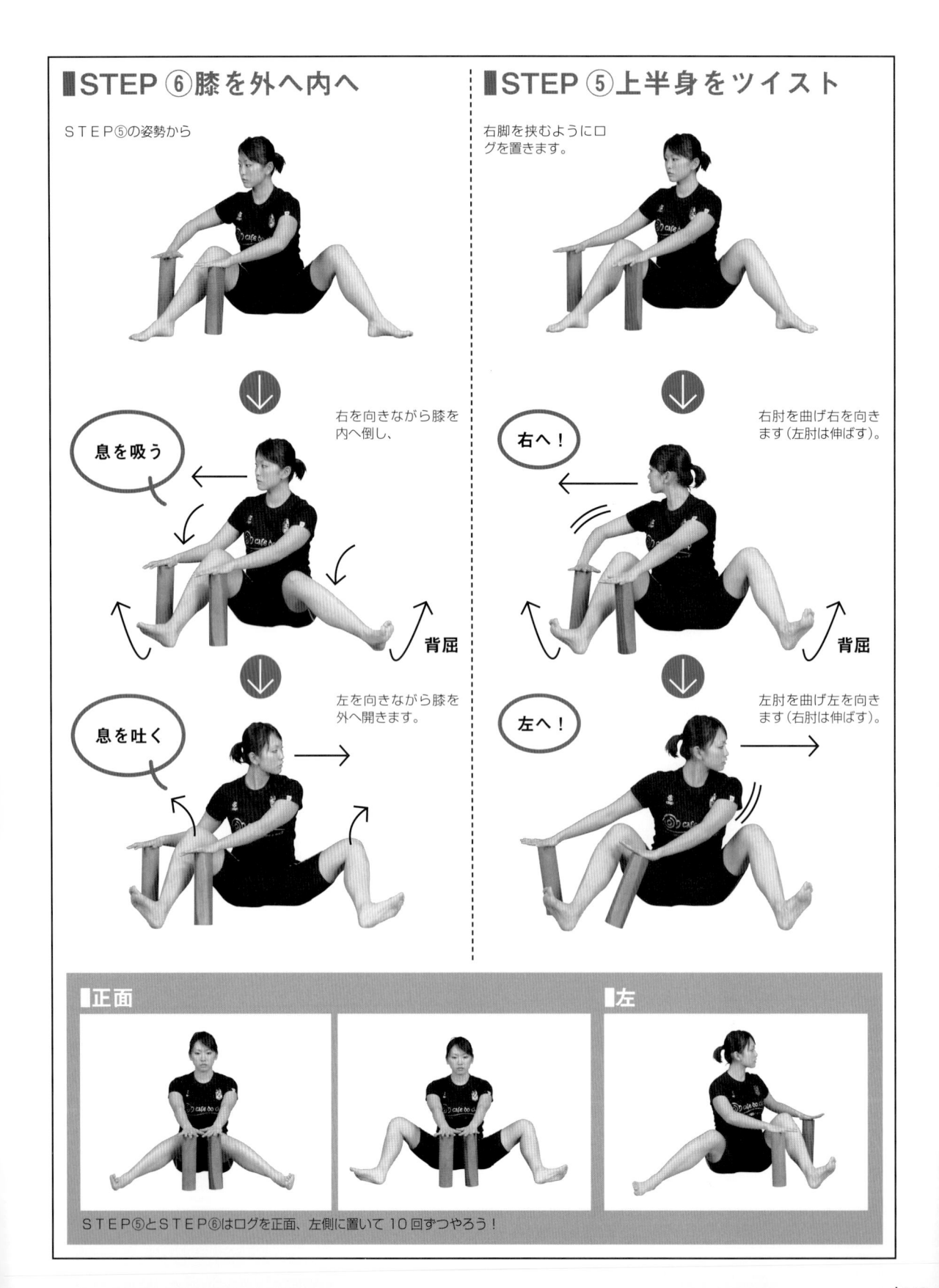

右へ！

右肘を曲げ右を向きます（左肘は伸ばす）。

背屈

左へ！

左肘を曲げ左を向きます（右肘は伸ばす）。

■正面

■左

ＳＴＥＰ⑤とＳＴＥＰ⑥はログを正面、左側に置いて10回ずつやろう！

第7章 | バランス"木"S開脚 | プレログ開脚

■STEP ①股関節の内外旋＜10回＞

ログに手をつき膝立ちに。膝と膝の間は肩幅より少し多く開きます。

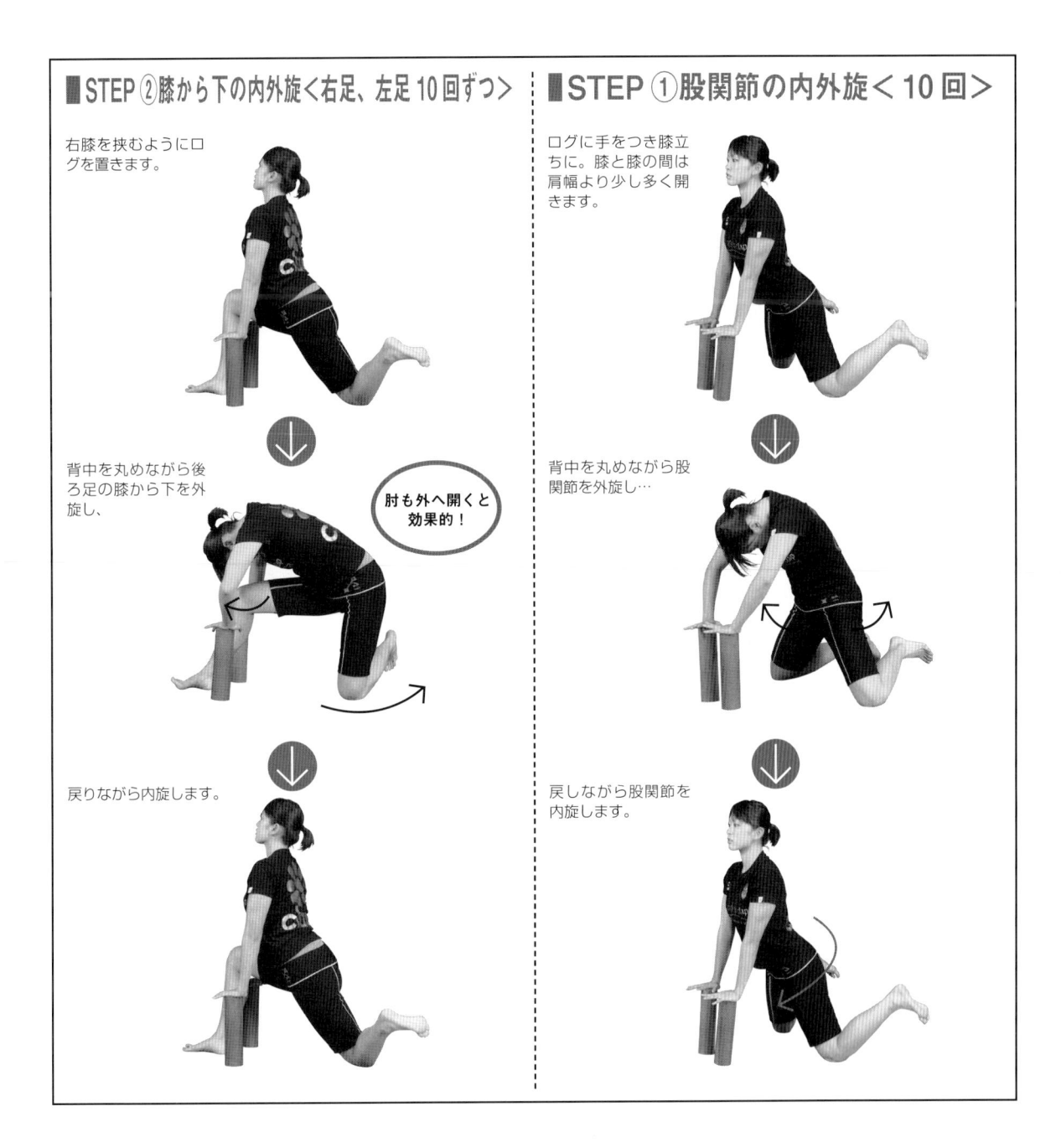

↓

背中を丸めながら股関節を外旋し…

↓

戻しながら股関節を内旋します。

■STEP ②膝から下の内外旋＜右足、左足10回ずつ＞

右膝を挟むようにログを置きます。

↓

背中を丸めながら後ろ足の膝から下を外旋し、

肘も外へ開くと効果的！

↓

戻りながら内旋します。

第 7 章 | バランス"木"S 開脚 | プレログ開脚（キッズ）

■ STEP ④ 伸脚し、ログを押す＜右脚、左脚 10 回ずつ＞

左脚を伸ばし、ログは正面に置いておきます。

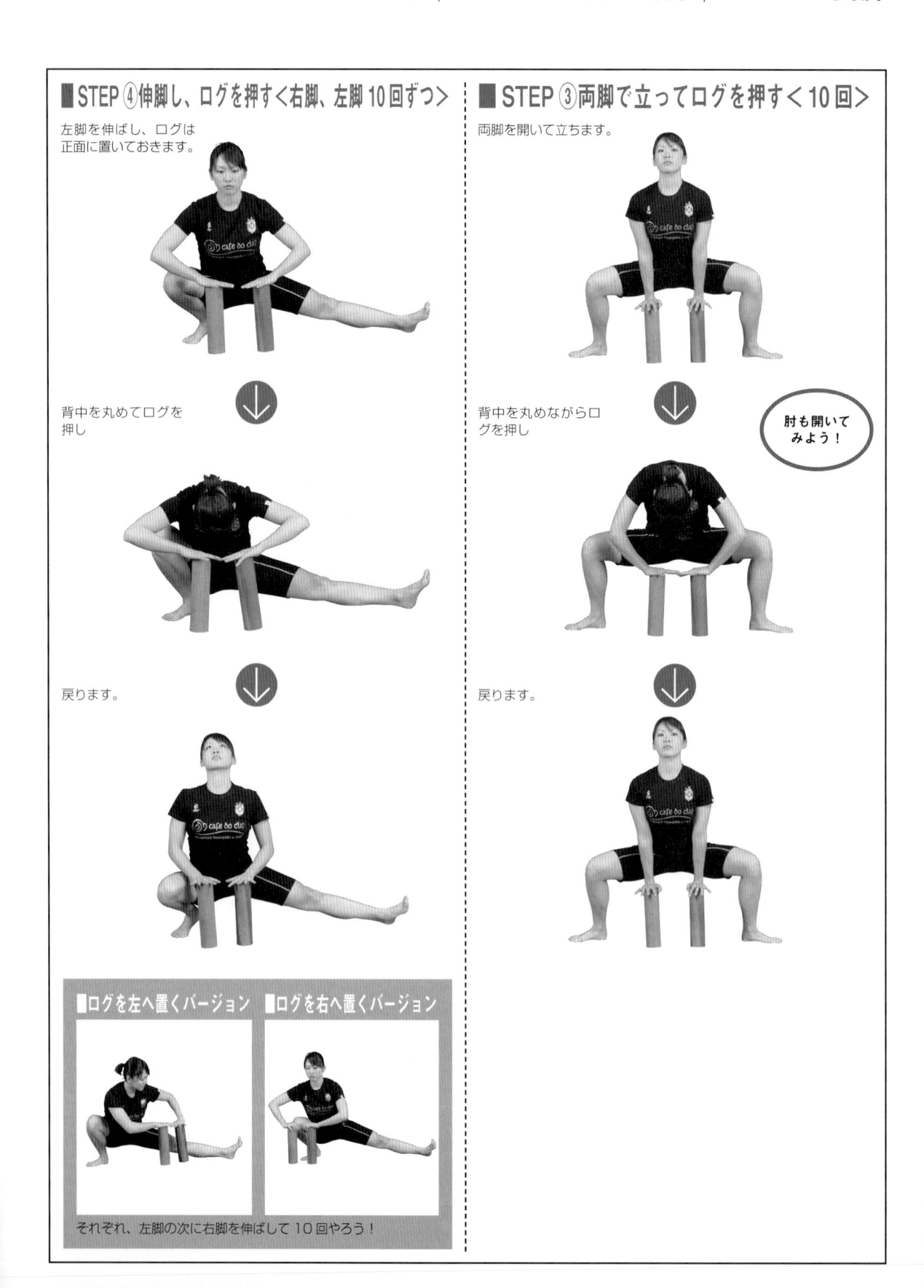

↓

背中を丸めてログを押し

↓

戻ります。

■ログを左へ置くバージョン　■ログを右へ置くバージョン

それぞれ、左脚の次に右脚を伸ばして 10 回やろう！

■ STEP ③ 両脚で立ってログを押す＜10 回＞

両脚を開いて立ちます。

↓

背中を丸めながらログを押し

↓

戻ります。

＜肘も開いてみよう！＞

150

■STEP ⑤ 開脚はもうすぐだ！＜10回＞

かかととログで身体を
支えます。

⬇

背中を丸めてログを
押します。

⬇

戻ります。

| ■ログを左へ置くバージョン | ■ログを右へ置くバージョン |

それぞれ10回ずつ行います。

第7章 │ バランス木, S開脚 │ ウェーブ(キッズ)

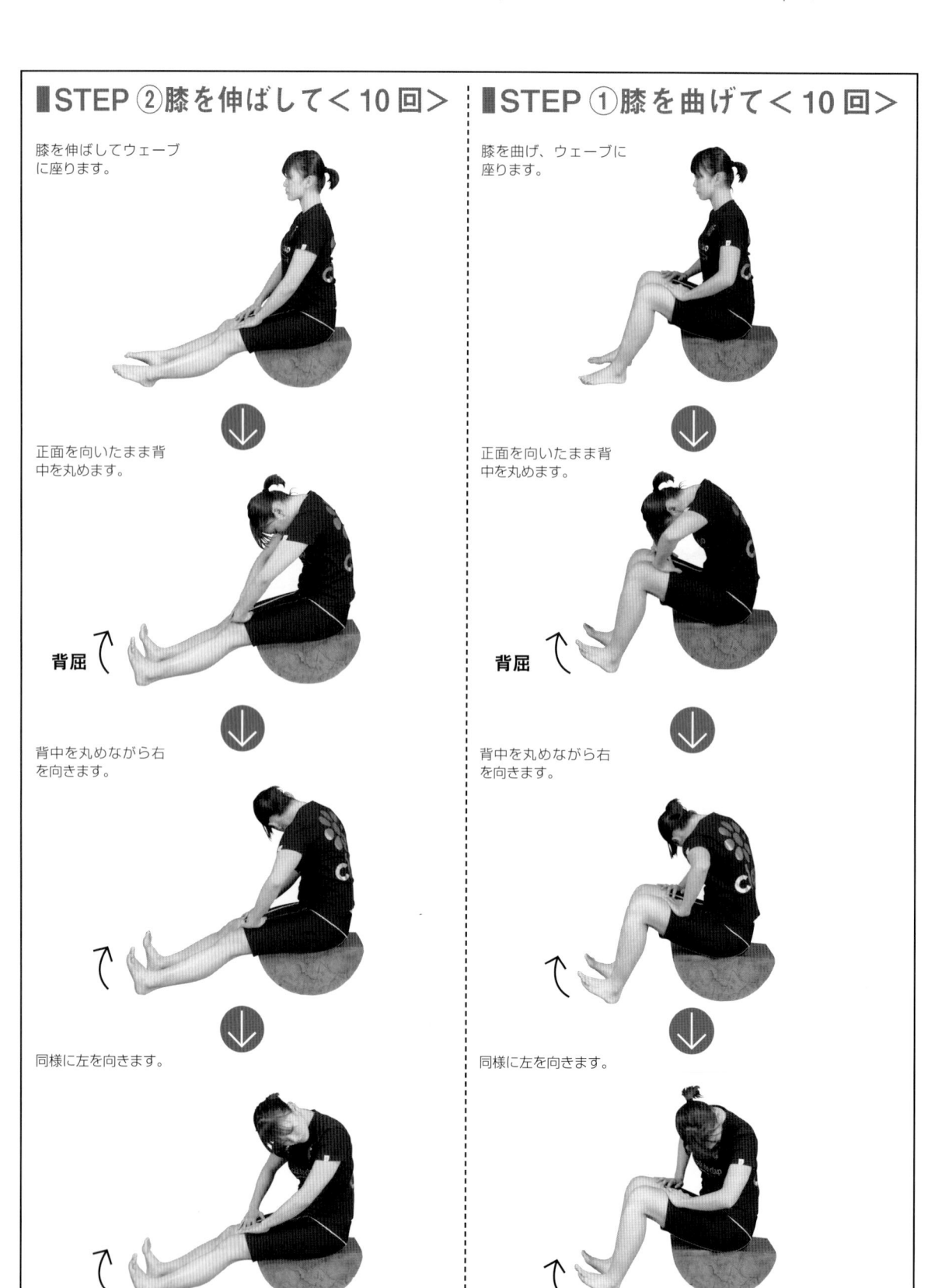

▍STEP ①膝を曲げて＜10回＞

膝を曲げ、ウェーブに座ります。

⬇

正面を向いたまま背中を丸めます。

背屈 ↻

⬇

背中を丸めながら右を向きます。

↰

⬇

同様に左を向きます。

▍STEP ②膝を伸ばして＜10回＞

膝を伸ばしてウェーブに座ります。

⬇

正面を向いたまま背中を丸めます。

背屈 ↻

⬇

背中を丸めながら右を向きます。

↰

⬇

同様に左を向きます。

152

■STEP ③脚を開いて＜10回＞

脚を開いて座ります。

↓

正面を向いたまま背中を丸めます。

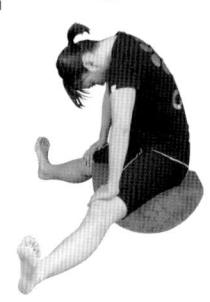

背屈 ↻

↓

背中を丸めながら右へ。

↓

同様に左へ。

■STEP ④片膝を曲げて＜右、左10回＞

右膝を曲げ両手を置く。
左膝は伸ばして。

↓

背中を丸めて右を向き…
左へ伸ばします。

背屈 ↻

↓

反対側も。背中を丸めて左を向き、右へ伸ばします。

第7章 | バランス木、S開脚 | ウェーブ

■STEP ④はこれでも

■STEP ⑤はこれでも

STEP④、STEP⑤は左膝を曲げ、右膝を伸ばし同じことをやってみよう！

■STEP ⑤片膝を曲げて＜10回＞

両手を左膝に置きます。

↓

身体を丸めて右を向き…

背屈

↓

伸ばしながら左を向きます。

■反対側も同様にやってみよう！

身体を丸めて左を向き、右へ伸ばします。

■STEP ⑦ 片膝を曲げて左右へ <10回>

左脚は曲げ右脚は伸ばし、手はそれぞれの膝へ。

左へ身体を丸めて…

背屈

右へ向かって伸ばします。

底屈

■STEP ⑦
次は右膝を曲げて10回やってみよう！

■STEP ⑥ 膝を曲げて左右へ <10回>

両膝を曲げて開いて座り、両手はそれぞれの膝へ。

右へ身体を丸めて、右肘を曲げます。

背屈

左へ身体を丸めて左肘を曲げます。

第7章 | バランス木, S開脚(キッズ) | ウェーブ

■STEP ⑧ 脚を開いて左右へ〈10回〉

両脚を伸ばし、手を左膝へ。

右を向きながら身体を丸め肘を曲げ…

手の位置は変えずに！

背屈

戻りながら左を向きます。

底屈

■STEP ⑧

次は右膝に手を置いて10回やってみよう！

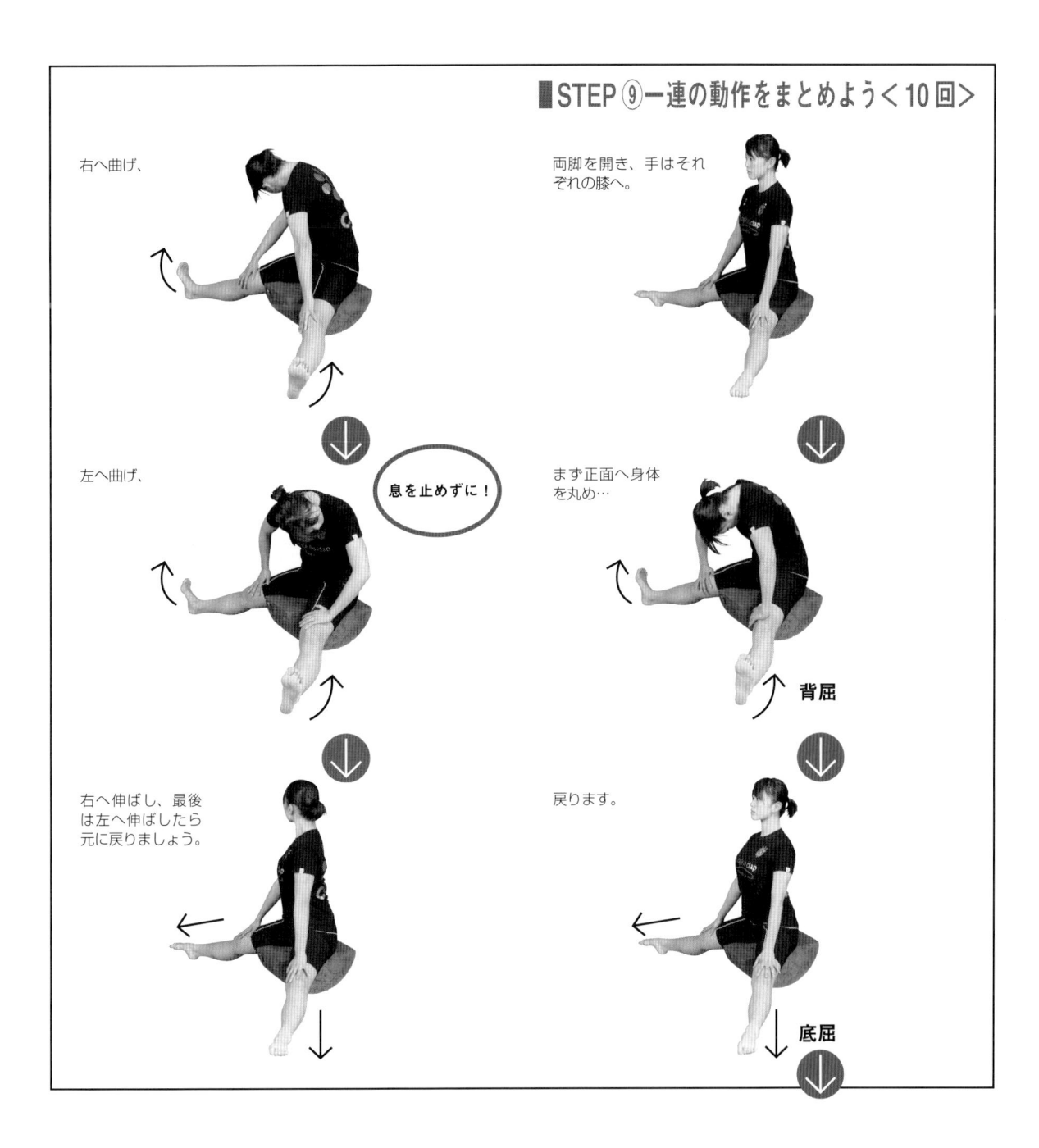

STEP ⑨ 一連の動作をまとめよう＜10回＞

両脚を開き、手はそれぞれの膝へ。

⬇

まず正面へ身体を丸め…

↳ 背屈

⬇

戻ります。

↓ 底屈

⬇

右へ曲げ、

⬇

息を止めずに！

左へ曲げ、

⬇

右へ伸ばし、最後は左へ伸ばしたら元に戻りましょう。

第7章 | バランス木, S開脚(キッズ) | スロープ

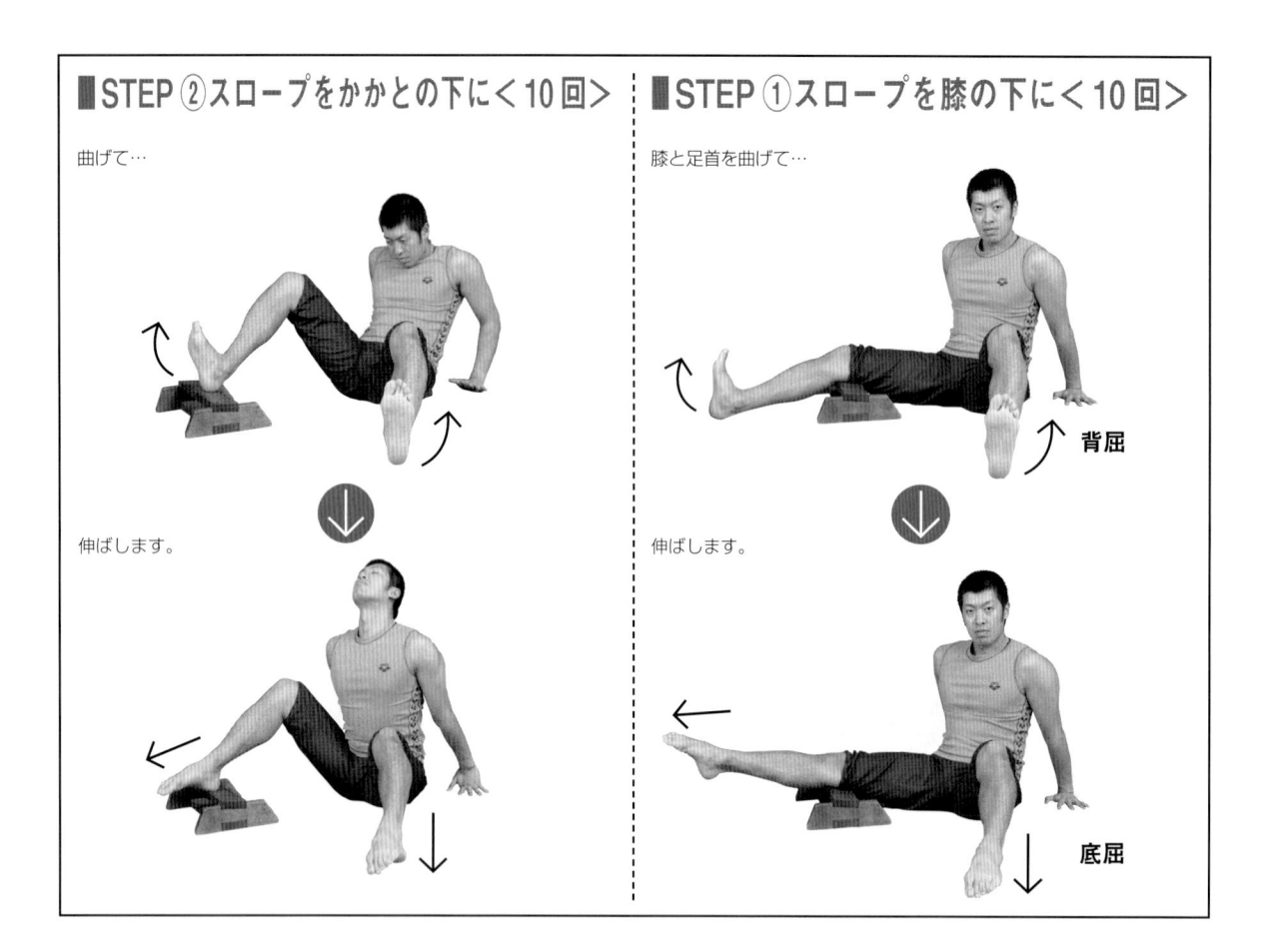

■ STEP ②スロープをかかとの下に＜10回＞

曲げて…

伸ばします。

■ STEP ①スロープを膝の下に＜10回＞

膝と足首を曲げて…

背屈

伸ばします。

底屈

■STEP ④ 膝を曲げ、手は床に ＜10回＞

スロープは縦にしてかかとの下に。

■STEP ③ 片手を膝に ＜10回＞

スロープをかかとの下に置き、左手を左膝に。

身体を丸めて…

伸ばします。

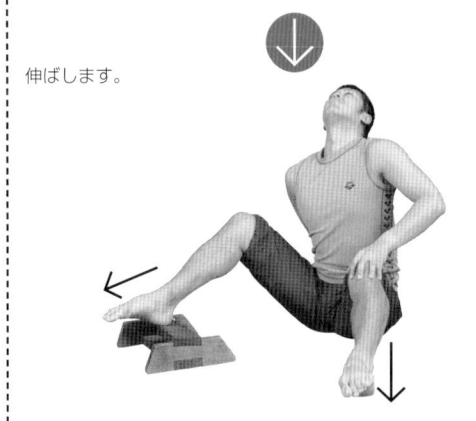

■次は、右手を左膝に置いて10回

第7章 | バランス木,S開脚(キッズ) | スロープ

▌STEP ⑥ 手は両膝に ＜10回＞

今度は手を左右それぞれの膝へ。

丸めて…

伸ばします。

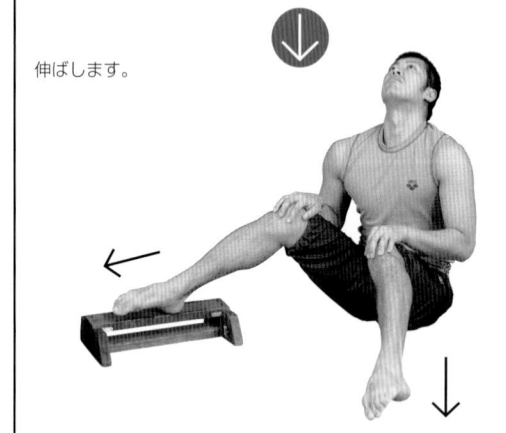

身体を丸めるときは両膝を外へ開き、伸ばすときは両膝を閉じると効果的！

▌STEP ⑤ 両手を膝に ＜10回＞

身体を丸めて…　　　　　　両手を左膝へ。

背屈

伸ばします。

底屈

▌次は、両手を右膝に置いて10回

160

■STEP ⑦ 膝を伸ばし、手は床に＜10回＞

身体を丸めて…
（脚は外旋して）

⬇

伸ばします
（脚は内旋します）。

161

第7章 | バランス木、S開脚 | プレスロープ開脚

STEP ①

■側屈 ＜10回＞

■底背屈 ＜10回＞

かかとをスロープに載せ、手は床に。

丸めて…

背屈

伸ばします。

底屈

■回旋 ＜10回＞

STEP ②

■側屈＜10回＞

■底背屈＜10回＞

両足と片手で行います。

丸めて…

背屈

伸ばします。

底屈

■回旋＜10回＞

第7章 | バランス'木,S開脚(キッズ) | プレスロープ開脚

■STEP ③

■側屈＜10回＞

■底背屈＜10回＞

両手、両足を使い身体を浮かせたまま行います。

丸めて…

背屈

↓

伸ばします。

底屈

■回旋＜10回＞

STEP ⑤

■底背屈＜10回＞

両手を重ねて行います。

背屈

↓

底屈

■側屈＜10回＞

↓

■回旋＜10回＞

↓

STEP ④

■底背屈＜10回＞

両手を肩幅よりも広く開きます。

背屈

↓

底屈

■側屈＜10回＞

↓

■回旋＜10回＞

↓

第7章 | バランス木 S開脚 | ガイヤ
キッズ

STEP ①

■側屈＜10回＞

■屈曲＆伸展＜10回＞

左脚と左のおしりをガイヤの上に載せます。両手を組み、両膝を曲げます。

身体を丸めて…

背屈

伸ばします。

底屈

■回旋＜10回＞

右　　　左　　　正面

STEP①屈曲＆伸展は、組んだ手を正面だけでなく左、または右にしてやってみよう！全身、偏りなくほぐれる！

STEP ④

ＳＴＥＰ①の姿勢から、両脚を伸ばして
■屈曲＆伸展
■側屈
■回旋
してみよう！

STEP ②

ＳＴＥＰ①の姿勢から、左脚を伸ばして
■屈曲＆伸展
■側屈
■回旋
してみよう！

STEP ③

ＳＴＥＰ①の姿勢から、右脚を伸ばして
■屈曲＆伸展
■側屈
■回旋
してみよう！

第7章 | バランス"木"、S開脚 | ガイヤ
キッズ

▌STEP ⑤

▌側屈＜10回＞

▌回旋＜10回＞

▌屈曲＆伸展＜10回＞

左手と左のかかとでガイヤに乗り、身体は浮かせたままバランスを保ちます。

身体を丸めて…

背屈

戻ります。

底屈

右膝を伸ばして　　左膝を伸ばして 　　両膝を曲げて

ＳＴＥＰ⑤は片脚を伸ばした姿勢でもやってみよう！

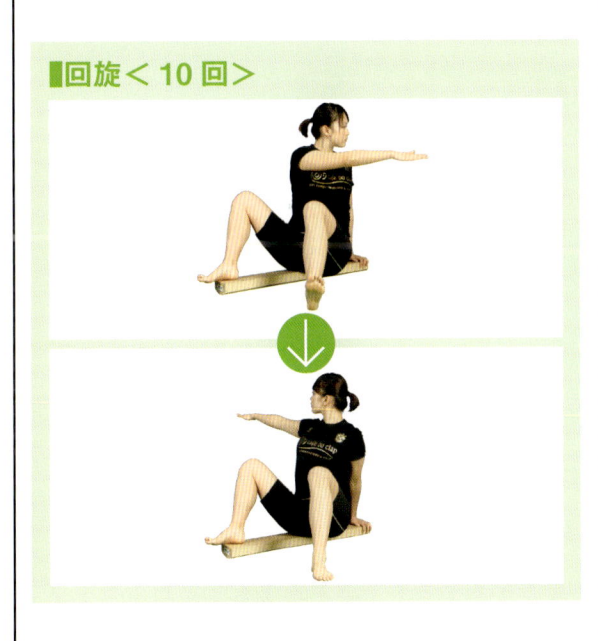

STEP ⑥

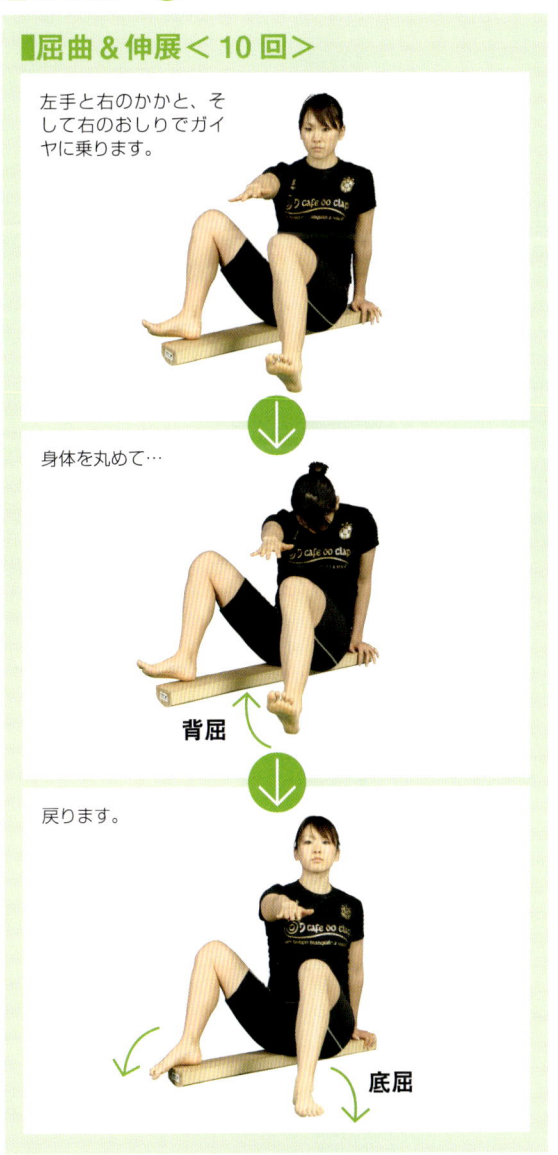

■回旋＜10回＞

■屈曲＆伸展＜10回＞

左手と右のかかと、そして右のおしりでガイヤに乗ります。

身体を丸めて…

背屈

戻ります。

底屈

右膝を伸ばして

両膝を曲げて

ＳＴＥＰ⑥は、右膝を伸ばした姿勢でもやってみましょう！

第7章 | バランス「木」S開脚 | ガイヤ

STEP ⑦

■回旋＜10回＞

■屈曲＆伸展＜10回＞

両手は後ろにしてガイヤを持ちます。左のかかとをガイヤに載せましょう。

身体を丸めて…

背屈

戻ります。

底屈

両膝は曲げてガイヤの上に　　　右膝を伸ばす 　　　両膝を曲げる

ＳＴＥＰ⑦は右脚を伸ばしたり、両脚をガイヤ上に載せてみると刺激される部位が変化し、幅が広がる。

おわりに

著者・永田一彦氏のジムに、子どもがたくさん訪れるようになりました。
立派なアスリートである彼ら、彼女らは、バランス木ｓ（キッズ）でトレーニングをしていきます。驚くことに、細い棒2本の上にログを載せて、今にも崩れてしまいそうな棒とログの上を楽しそうに歩いているのです。
近年のジュニアスポーツ界の発展はめざましく、子どもたちは量・質ともにプロ顔負けの練習をこなし、競技能力を身につけています。
一方で、子どもの体力・運動能力低下が叫ばれて久しいのも事実。この数十年で社会環境は大きく変化し、かつての子どもたちが自然の中で遊ぶうちに獲得していた身体能力を、大切な成長期に獲得できなくなっています。
もちろんこれはスポーツに関わる子どもたちにとっても深刻な問題で、思わぬ傷害や伸び悩みにつながるケースが多いのです。
氏がトレーニング器具を製作するにあたって「天然」「自然のぬくもり」にこだわった理由はそこにあります。本来、自然の野山を友達と駆け回り、ときには危ない思い、痛い思いをしながら獲得していく丈夫な身体と運動能力を、「自然」の力によって獲得してほしい。そんな切なる願いがバランス木ｓ（キッズ）には込められています。

大人にとってもこの木は魅力的。いかにも不安定そうな丸太の「ログ」、乗ったら大きく揺れそうな半月型の「ウェーブ」、不思議な階段のような「スロープ」、円形でも四角形でもない長いカマボコみたいな「ガイヤ」。足元に置いてあったら、そっと乗ってみたい衝動にかられると思いませんか？
乗ってみたいなぁ。
少しでもそう思ったら、今日からあなたも木と戯れる友達（バランスキッズ）。

バランス木ｓ（キッズ）に乗っている間、あなたのバランス感覚はグングン磨かれて、降りた瞬間からはその新しいバランス感覚で競技練習に臨めることでしょう。
バランス木ｓ（キッズ）に乗る瞬間がスタートであり、降りた瞬間がスタートなのです。

もう一度、聞きます。あの不思議なかたちの木…
乗ってみたいと思いませんか？

『バランス木ｓ（キッズ）バイブル』編集スタッフ一同

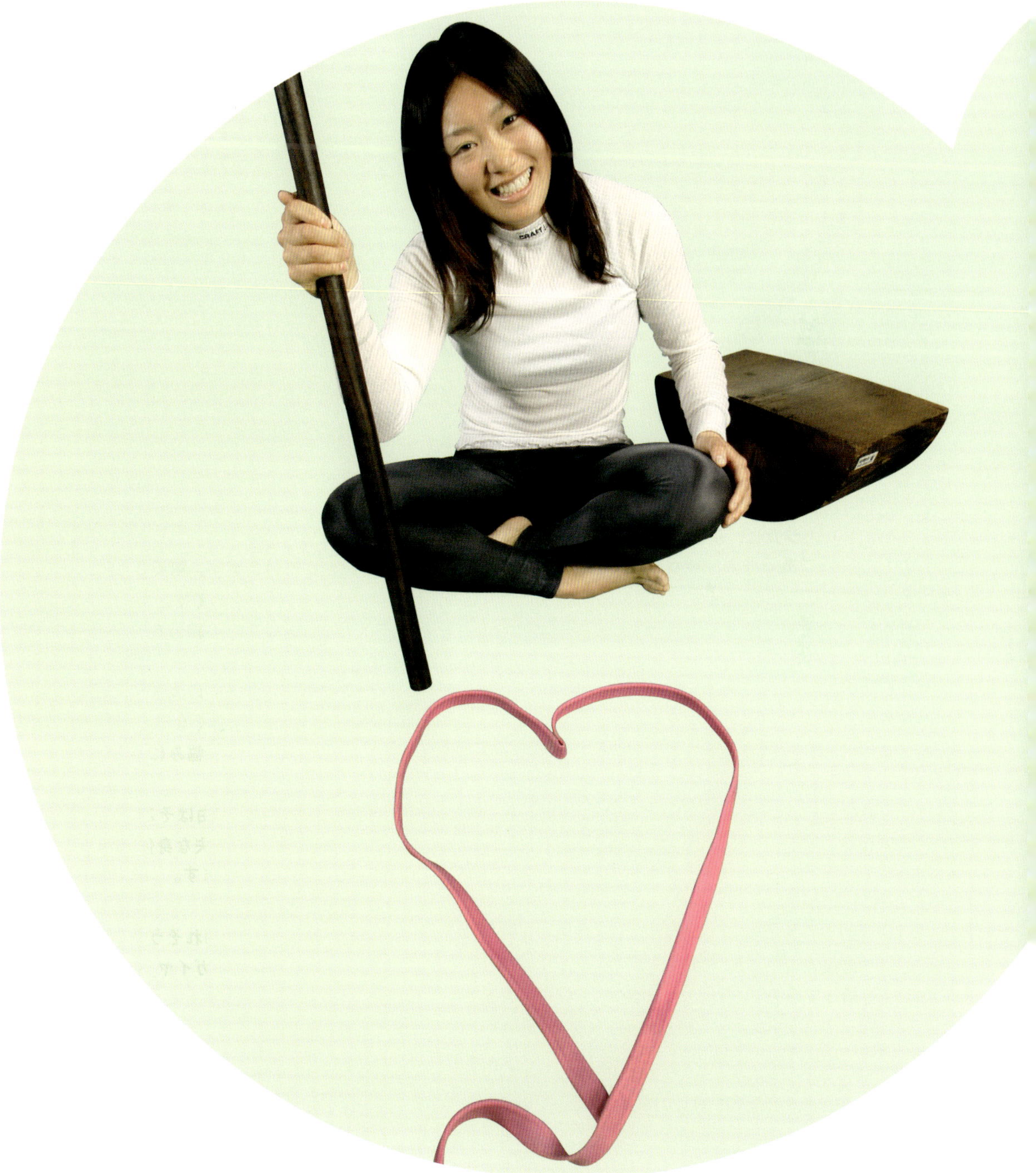

著者・モデルプロフィール

著者

永田一彦（ながた・かずひこ）／トレーナー

筑波大学大学院卒業。体育研究科コーチ学専攻。スポーツ医学際カリキュラム修了。プロスポーツからアマチュアまで幅広い分野のアスリートたちから厚く信頼されるフィジカルトレーナー。

空手道

古屋亜呂晴（ふるや・あろは）／空手道

東京都出身。尚心派糸東流空手道拳心会、Jr.NIPPON所属。目黒高校、法政大学を経て現在専門学校に通いながら空手の指導に携わる。国民体育大会第3位、東日本実業団空手道選手権大会第3位、全日本実業団空手道選手権大会ベスト8、関東空手道選手権大会準優勝（以上個人組手）、全国高等学校空手道選抜大会準優勝（団体組手）、同団体形第3位。

渡辺由希（わたなべ・ゆき）／空手道

東京都出身。NPO法人日本空手松涛連盟所属。小学校2年生で空手を始め、帝京中学校に入り本格的に空手を学ぶ。その後、帝京高校、帝京大学へ進学し現在は松涛連盟の研修生として指導員を目指している。第5回世界大学空手道選手権大会形優勝　など。

競技エアロビクス

鈴木義道（すずき・よしみち）／競技エアロビクス
静岡県出身。Ys FITNESS SALON代表（http://ysfitness.com）。台湾式スポーツリフレクソロジスト、タイ厚生省・タイ伝統医学協会連合タイ古式セラピスト、AVIAセレクトインストラクター、（社）日本エアロビック連盟認定テクニカルアドバイザー。現在フィットネスやスポーツする方などのケガ予防やケアを行っている。ANAC2006世界大会シングル部門出場、スズキジャパンカップ2007ペア部門第4位、2006、2007ジャパンサーキットツアーシングル部門年間ランキング第2位。

国見麻衣（くにみ・まい）／競技エアロビクス
東京都出身。玉川大学入学と同時に体育会競技エアロビックチーム、湘南茅ヶ崎A・G・Cに入り競技エアロビックを始める。2002年〜2005年、全日本学生選手権大会グループ部門4連覇、2005年シングル部門準優勝、2006年エアロビック世界選手権大会（中国）に日本代表として出場。JAF認定テクニカルアドバイザー。

FWR カヌー

石毛堅司（いしげ・けんじ）／カヌー
群馬県出身。群馬県カヌー協会所属。日本体育大学卒業、現在はカヌーナショナルチームのメンバーとしてオリンピック出場を目指す。2006年ワールドカップ第3戦K-4第6位、2007年日本選手権K-4優勝 など。

上原茉莉（うえはら・まり）／カヌー
香川県出身。大正大学碧水会カヌー部。中学からカヌー競技を始め、今年で10年目。現在大正大学碧水会カヌー部にて活躍中。中学時代は全日本中学生カヌー大会シングル・ペアー優勝、高校時代は国民体育大会3連覇、インターハイではシングル優勝。大学では全日本大学カヌー選手権2連覇、世界選手権K-4（4人乗り）1000m第8位、200m第9位。

バランス木ᴷⁱᵈˢ Ｓ バイブル

2008年8月11日　第1刷発行

著者　永田一彦

発行者　井出將周

発行所　株式会社チャンプ
〒166-0003　東京都杉並区高円寺南4-19-3　総和第二ビル2階
販売部　03 (3315) 3190
編集部　03 (3315) 5051
[装丁・本文デザイン]　河野洋輔

© KAZUHIKO NAGATA 2008
Printed in Japan
印刷　モリモト印刷株式会社

本書内容の無断転載・複製を禁じます。
乱丁・落丁などの不良品はお取り替え致します。
ISBN　978-4-903616-92-6